CW01645387

请扫描二维码或登录网站 www.chinesemadeeasy.com/expressway
注册 / 登录后，输入本书密码（见封二），获取听力录音
温馨提示：每本书只有一个密码，只能绑定一个账户

IBDP

Expressway to Chinese Listening
中文听力一本通

鲍思治　曾凡静　编著

简体版

目录

第二部分　经历体验

第三部分 发明创造

第四部分 社会组织

第五部分 共享地球

附录 录音文本及参考答案

前言

一直想为中文初学者做一些事情。目前看来，各个国家都有不同的中文教学大纲，名字听起来不同，但仔细研究就会发现，中学阶段学生学习的话题基本相似。于是，借着 IB 国际文凭课程和 IGCSE 中文考试等修改大纲、增加听力考试的机会，加之平时的积累，笔者编写了这本听力练习——《IBDP 中文听力一本通》。

编写说明

1. **大纲依据：**本书包含 90 课听力练习，按照 IBDP 语言习得课程大纲五大主题划分为五个部分，基本包括了大纲里的所有话题，有的文本则涉及多个话题。笔者在看到大纲具体要求和考试样卷后，尽量按照真正考试的要求去写，同时也兼顾了其他考试大纲学生的需要。本书除了可供 IBDP 中文 Ab initio 及 B 普通课程的学生使用外，也可供学习 IGCSE 中文作为外语（0547）、IGCSE 中文作为第二语言（0523）、澳洲 VCE SL 和 SLA 等国际课程的学生使用。当然，一般中文课程的学习者也可以用这本书来练习听力，提高听力水平。
2. **难度划分：**本书对每个主题里的题目进行了分级（分级用⊘符号表示，⊘代表“容易”，⊘⊘代表“中等”，⊘⊘⊘代表“较难”）。其中⊘级和⊘⊘级的练习题目标有拼音，⊘⊘⊘级的练习没有标注拼音，供学生循序渐进学习。
3. **语料取材：**本书语料丰富，为了照顾各华语地区的语言使用习惯，帮助学生接触更加真实的语言使用环境，有些词汇使用了当地的习惯用法。
4. **录音标准：**录音根据题目的难度等级做了区分，难度低的文本录音采用标准的普通话，难度高的文本录音则加入了一定的口音，供不同水平的学习者选择。

使用建议

1. 本书包含 90 课听力练习，话题丰富，建议根据班级课时量、学生实际需求选择内容进行听力练习。
2. 每个地区和学校采用的课程体系和考试大纲不同，建议根据大纲要求选取、调整练习内容。
3. 学生的听力水平不尽相同，建议根据学生的情况选择难度适当的文本，有效地进行差异化教学，也可以根据学生水平编写新题目。
4. 练习题目的模式主要参考了 IBDP 中文听力考试，建议根据所教的大纲做题型的调整，以便学生在日常练习中熟悉相应的考试。
5. 听力需要常常练习，最好能一课一练，这样的效果要比集中时间专门练习好得多。
6. 听力题目大多是按照文本先后顺序编写的，但有些题目也需要学生把握整体内容才能作答，建议开始练习前跟学生作说明。
7. 对于比较难的文本，建议分段落展开训练，最后再做整个文本的训练。
8. 书中留有“笔记框”板块，建议鼓励学生边听边记录关键信息，养成好的聆听习惯。
9. 提高听力成绩有一些小技巧，建议平日带领学生练习时多注意运用这些技巧，如仔细聆听主题词、先阅读问题等。
10. 除了训练听力，本书的录音还可以帮助学生训练口语，完善语音、语调，建议带领学生反复聆听；录音文本可作阅读练习之用，培养阅读能力；录音文本亦可用于写作练习，可以带领学生进行文本改写，培养写作能力。
11. 本书提供了参考答案，建议提醒学生练习时集中精力，避免边听边看答案。对答案后，针对做错的题目再仔细聆听一遍，争取听懂全部内容。

感谢香港三联书店，是他们的支持和辛勤付出才使本书得以顺利出版。感谢这么多年来笔者教过的学生，是他们让笔者对中文教学一直抱持热情，跟他们一起学习中文的经历，也让笔者更加了解学生的需求。同时，他们也为笔者的写作提供了丰富多彩的素材，使得这本听力书用起来不那么无趣。感谢同行的老师们，平日里的交流让笔者知道了大家都需要什么教学材料。最后，感谢本书的合作者，与她的讨论、切磋才使得这本书的内容更加地接地气，更加地实用。

希望《IBDP 中文听力一本通》对老师们和学生们中文的教与学有所帮助。也恳请老师们在使用的过程中与我们联系，告诉我们需要改进的部分，使这本书成为一本“中文学习者喜欢的书”。

鲍思冶

2019 年 9 月 30 日

第一部分　身份认同

1 大江的电话留言

情境：大江给朋友打电话，让他来拿东西。

回答下面的问题。

jīn tiān shì jǐ yuè jǐ hào
❶ 今天是几月几号？

dà jiāng zuò fēi jī dào le nǎ li
❷ 大江坐飞机到了哪里？

dà jiāng zhù de fàn diàn fáng jiān hào shì duō shao
❸ 大江住的饭店 房间号是多 少？

dà jiāng yào sòng shén me dōng xi gěi xiǎo píng
❹ 大江要送什么东西给小平？

liǎng tiān hòu dà jiāng yào qù nǎ li
❺ 两天后，大江要去哪里？

rú guǒ xiǎo píng lái bù liǎo dà jiāng dǎ suàn zěn me bǎ dōng xi sòng dào tā shǒu li
❻ 如果小平来不了，大江打算怎么把东西送到他手里？

2 王老师病了

情境：王老师生病了，给校长打电话请假。

回答下面的问题。

wáng lǎo shī shén me shí hou jué de zì jǐ bù shū fu
❶ 王老师什么时候觉得自己不舒服？

wáng lǎo shī yǒu shén me zhèng zhuàng
❷ 王老师有什么症状？

wáng lǎo shī chī wán zǎo fàn yǐ hòu dǎ suàn qù zuò shén me
❸ 王老师吃完早饭以后打算去做什么？

wáng lǎo shī jīn tiān yǒu jǐ jié kē xué kè
❹ 王老师今天有几节科学课？

wáng lǎo shī zhǔn bèi zěn me bǎ xué shēng jīn tiān yào wán chéng de zuò yè gěi lǐ xiào zhǎng
❺ 王老师准备怎么把学生今天要完成的作业给李校长？

míng tiān wáng lǎo shī néng shàng bān ma
❻ 明天王老师能上班吗？

3 我家的快餐店

情境：一个新西兰孩子向寄宿交换生介绍他家的快餐店。

3

1 选出四个正确的叙述。

□ □ □ □

xīn xī lán rén hé ào zhōu rén fēi cháng xǐ huan chī zhá yú hé zhá shǔ tiáo
A. 新西兰人和澳洲人非常喜欢吃炸鱼和炸薯条。

yú shǔ diàn bú dàn miàn jī dà ér qiě kè rén duō
B. 鱼薯店不但面积大，而且客人多。

yú shǔ diàn zài rì běn cān guǎn hé hán guó cān guǎn zhī jiān
C. 鱼薯店在日本餐馆和韩国餐馆之间。

tā men xīng qī tiān xiū xi yì tiān
D. 他们星期天休息一天。

měi tiān guān mén yǐ qián bì xū yào zhěng lǐ cún huò
E. 每天关门以前必须要整理存货。

diàn li chú le tā de jiā rén hái gù le liǎng ge nǚ hái
F. 店里除了他的家人，还雇了两个女孩。

bié de yà zhōu cān guǎn méi yǒu tā men jiā de diàn nà me huǒ
G. 别的亚洲餐馆没有他们家的店那么火。

2 回答下面的问题。

yú shǔ diàn zài nǎ li
❶ 鱼薯店在哪里？

yú shǔ diàn jǐ diǎn kāi mén jǐ diǎn guān mén
❷ 鱼薯店几点开门？几点关门？

guān mén yǐ hòu hái yào zuò xiē shén me gōng zuò qǐng liè chū liǎng xiàng
❸ 关门以后还要做些什么工作？（请列出两项）

a.

b.

3 选出正确的答案。

zài diàn li gōng zuò zěn me yàng
❶ 在店里工作怎么样？

☐

fēi cháng xīn kǔ
A. 非常辛苦

hěn kāi xīn
B. 很开心

yǒu yì si
C. 有意思

tā men chú le mài zhá yú hé shǔ tiáo yǐ wài hái mài shén me
❷ 他们除了卖炸鱼和薯条以外，还卖什么？

☐

hàn bǎo bāo
A. 汉堡包

jiǎo zi
B. 饺子

běi jīng kǎo yā
C. 北京烤鸭

rú guǒ qù yú shǔ diàn mǎi wǔ fàn xū yào xiān zuò shén me
❸ 如果去鱼薯店买午饭，需要先做什么？

☐

fù qián
A. 付钱

pái duì
B. 排队

zì jǐ dài fàn hé
C. 自己带饭盒

4 学做中国菜

情境：美食节目正在教观众做中国菜。

1 根据听到的内容填空。

jīn tiān yào xué de cài míng zi jiào xī hóng shì jī dàn
❶ 今天要学的菜名字叫西红柿________鸡蛋。

zhè dào cài suī rán hěn pǔ tōng dàn shì fēi cháng
❷ 这道菜虽然很普通，但是非常________。

zhè dào cài de zuò fǎ tè bié
❸ 这道菜的做法特别________。

jī dàn hǎo le yǐ hòu xī hóng shì yào zài guō lǐ zhǔ fēn zhōng
❹ 鸡蛋好了以后，西红柿要在锅里煮________分钟。

xī hóng shì biàn ruǎn le jiù kě yǐ
❺ 西红柿变软了就可以________。

2 根据听到的内容填表。

yòng liào 用料	
❶ jī dàn 鸡蛋	ge ________个
❷ xī hóng shì 西红柿	ge ________个
❸ dà suàn 大蒜	bàn ________瓣
❹ yán hé 盐和________	shǎo xǔ 少许
❺ xī hóng shì de dà xiǎo 西红柿的大小	lí mǐ ________厘米

5 你属什么

情境：留学生大卫在跟他的同学小张谈论属相。

5

选出正确的答案。

xiǎo zhāng shì nǎ yì nián chū shēng de
❶ 小张是哪一年出生的？

☐
A. 1997 年 (nián)
B. 1998 年 (nián)
C. 2000 年 (nián)

xiǎo zhāng shǔ shén me
❷ 小张属什么？

☐
A. 猴 (hóu)
B. 马 (mǎ)
C. 牛 (niú)

xiǎozhāng zài zuò shì shang yǒu shén me gè xìng
❸ 小张在做事上有什么个性？

☐
A. 马虎 (mǎ hu)
B. 认真 (rèn zhēn)
C. 懒惰 (lǎn duò)

dà wèi shǔ shén me
❹ 大卫属什么？

☐ A. niú 牛
B. mǎ 马
C. hóu 猴

xià miàn de shuō fǎ nǎ yí ge zhèng què
❺ 下面的说法哪一个正确？

☐ A. shǔ hóu de rén hěn néng gàn 属猴的人很能干
B. dà wèi shì ge ān jìng de rén 大卫是个安静的人
C. dà wèi zuò shì hěn xiǎng yíng 大卫做事很想赢

6 我买了一套纪念邮票

情境：一个女孩在跟奶奶视频聊天儿。

6

选出正确的答案。

nǚ hái shén me shí hou qù mǎi de yóu piào
❶ 女孩什么时候去买的邮票？

☐ A. xīng qī tiān 星期天
B. shàng ge xīng qī 上个星期
C. shàng zhōu yī 上周一

yóu piào yí gòng yǒu duō shao zhāng
❷ 邮票一共有多少张？

☐

shí èr zhāng
A. 十二张

shí zhāng
B. 十张

bā zhāng
C. 八张

měi zhāng yóu piào shang dōu yǒu shén me dòng wù
❸ 每张邮票上都有什么动物?

☐

lǎo shǔ
A. 老鼠

lǎo hǔ
B. 老虎

xiǎo gǒu
C. 小狗

zhè tào yóu piào shì mǎi gěi shéi de
❹ 这套邮票是买给谁的?

☐

zì jǐ
A. 自己

xiǎo míng
B. 小明

nǎi nai
C. 奶奶

7 来客人了

情境：两个好朋友在华人市场聊天儿。

7

1 选出正确的答案。

xiǎo lǐ qù huá rén shì chǎng mǎi shén me
❶ 小李去华人市场买什么？

☐

yú niú ròu hé shuǐ guǒ
A. 鱼、牛肉和水果

yú zhū ròu hé qīng cài
B. 鱼、猪肉和青菜

jī ròu yáng ròu hé qīng cài
C. 鸡肉、羊肉和青菜

xiǎo lǐ qǐng tā de péng you qù nǎ li chī fàn
❷ 小李请他的朋友去哪里吃饭？

☐

jiā li
A. 家里

fàn diàn
B. 饭店

cān guǎn
C. 餐馆

xiǎo lǐ yāo qǐng lǎo zhāng le ma
❸ 小李邀请老张了吗？

☐

méi yǒu yāo qǐng
A. 没有邀请

yāo qǐng le
B. 邀请了

méi yǒu tí dào
C. 没有提到

2 根据听到的内容填表。

péng you lǎo wáng de xìn xī 朋友老王的信息	
❶ jí guàn 籍贯	
❷ bì yè yuàn xiào 毕业院校	
❸ zhí wèi 职位	
❹ nián xīn 年薪	
❺ lái niǔ yuē de yuán yīn 来纽约的原因	

8 我的中国笔友

8

情境：珍妮正在介绍她的笔友小华。

1 回答下面的问题。

zhēn nī jīn niánshàng jǐ nián jí
❶ 珍妮今年上几年级？

____

xiǎo huá zài nǎ li shàng gāo zhōng
❷ 小华在哪里上高中？

____

xiǎo huá shàng xué zhù zài nǎ li
❸ 小华上学住在哪里？

---

xiǎo huá hé zhēn nī shì zěn me rèn shi de
❹ 小华和珍妮是怎么认识的？

---

2 选出正确的答案。

zhēn nī hé xiǎo huá zěn me qù de cháng chéng
❶ 珍妮和小华怎么去的长城？

☐

A. zuò gōng gòng qì chē 坐公共汽车

B. qí zì xíng chē 骑自行车

C. zuò dì tiě 坐地铁

xiǎo huá zhǔn bèi shén me shí hou lái ào zhōu dú shū
❷ 小华准备什么时候来澳洲读书？

☐

A. sān yuè 三月

B. wǔ yuè 五月

C. èr yuè 二月

xiǎo huá dào ào zhōu dú shū shí zhù zài nǎ li
❸ 小华到澳洲读书时，住在哪里？

☐

A. zhēn nī jiā 珍妮家

B. jiǔ diàn 酒店

C. xué xiào sù shè 学校宿舍

zhè shì yì piān shén me tǐ cái de wén zhāng
❹ 这是一篇什么体裁的文章？

☐

A. yǎn jiǎng gǎo 演讲稿

B. shū xìn 书信

C. diàn zǐ yóu jiàn 电子邮件

9 我们庆祝一下吧

情境：三个好友在餐馆吃饭，谈论点什么菜。 9

1 选出正确的答案。

❶ dà wèi xiǎng chī shén me
大卫想吃什么？

☐
A. niú ròu jiǎo zi 牛肉饺子
B. niú ròu bāo zi 牛肉包子
C. chǎo fàn 炒饭

❷ yuè yue wèi shén me qǐng dà jiā chī fàn
月月为什么请大家吃饭？

☐
A. shēng zhí 升职
B. zhǎng gōng zī 涨工资
C. huàn bù mén 换部门

❸ hòu lái dà wèi hái diǎn le shén me
后来大卫还点了什么？

☐
A. běi jīng kǎo yā 北京烤鸭
B. táng cù pái gǔ 糖醋排骨
C. xī hóng shì chǎo jī dàn 西红柿炒鸡蛋

lì li jué de chǎo niú ròu hé shén me yì qǐ chī wèi dào gèng hǎo
❹ 丽丽觉得炒牛肉和什么一起吃味道更好？

☐ A. 炒饭 (chǎo fàn)
B. 米饭 (mǐ fàn)
C. 面条 (miàn tiáo)

yuè yue diǎn le jǐ ge cài
❺ 月月点了几个菜？

☐ A. 四个 (sì ge)
B. 三个 (sān ge)
C. 两个 (liǎng ge)

lì li diǎn le sān bēi shén me guǒ zhī
❻ 丽丽点了三杯什么果汁？

☐ A. 苹果汁 (píng guǒ zhī)
B. 西瓜汁 (xī guā zhī)
C. 橙汁 (chéng zhī)

2 根据听到的内容在表格里打勾（√）。

	yuè yue 月月	dà wèi 大卫	lì li 丽丽
❶ wǒ gōng zuò biǎo xiàn yōu xiù 我工作表现优秀			
❷ wǒ diǎn yí fèn suān cài yú 我点一份酸菜鱼			
❸ wǒ bú yào chǎo fàn le 我不要炒饭了			
❹ wǒ diǎn liǎng ge sù cài 我点两个素菜			
❺ xià tiān hē xī guā zhī kě yǐ jiě shǔ 夏天喝西瓜汁可以解暑			

10 帮忙买午餐

情境：午餐时间到了，皮特请丽丽帮忙买饭。 10

1 回答下面的问题。

pí tè zhōng wǔ wèi shén me bú zì jǐ qù cān tīng mǎi wǔ cān
❶ 皮特中午为什么不自己去餐厅买午餐？

---

pí tè zhōng wǔ wèi shén me bù qǐng kè hù chī fàn
❷ 皮特中午为什么不请客户吃饭？

---

gōng bǎo jī dīng shì là de hái shì tián de
❸ 宫保鸡丁是辣的还是甜的？

---

2 选出正确的答案。

pí tè ràng lì li bāng máng mǎi shén me
❶ 皮特让丽丽帮忙买什么？

☐

kuài cān
A. 快餐

yìn dù cān
B. 印度餐

zhōng cān
C. 中餐

zuì hòu pí tè jué dìng mǎi shén me
❷ 最后皮特决定买什么？

☐

sān míng zhì
A. 三明治

hàn bǎo bāo
B. 汉堡包

zhá jī chì
C. 炸鸡翅

pí tè dǎ suàn gěi lì li duō shao qián
❸ 皮特打算给丽丽多少钱？

☐

shí liù kuài
A. 十六块

shí bā kuài
B. 十八块

èr shí kuài
C. 二十块

11 这里禁止吸烟

情境：两个好朋友来到了海滨公园。

11

选出正确的答案。

xī hǎi àn hǎi bīn gōng yuán zěn me yàng
❶ 西海岸海滨公园怎么样？

☐

yòu xiǎo yòu zāng
A. 又小又脏

yòu dà yòu piào liang
B. 又大又漂亮

yòu xiǎo yòu luàn
C. 又小又乱

tā men lái gōng yuán zuò shén me
❷ 她们来公园做什么？

☐

zhǎo xīn péng you
A. 找新朋友

liáo tiānr
B. 聊天儿

yě cān
C. 野餐

tā men dài le shén me dào gōng yuán
❸ 她们带了什么到公园？

☐ A. 食物 (shí wù)
B. 足球 (zú qiú)
C. 排球 (pái qiú)

xiǎo lì xià xiàng qí xià de zěn me yàng
❹ 小丽下象棋下得怎么样？

☐ A. 很好 (hěn hǎo)
B. 不太好 (bú tài hǎo)
C. 很差 (hěn chà)

chú le yún yun hé xiǎo lì shéi hái huì xià xiàng qí
❺ 除了云云和小丽，谁还会下象棋？

☐ A. 云云的姐姐 (yún yun de jiě jie)
B. 云云的爸爸 (yún yun de bà ba)
C. 小丽的爸爸 (xiǎo lì de bà ba)

yún yun wèi shén me ké sou le
❻ 云云为什么咳嗽了？

☐ A. 她有哮喘 (tā yǒu xiào chuǎn)
B. 她生病了 (tā shēng bìng le)
C. 她对烟味儿敏感 (tā duì yān wèir mǐn gǎn)

rú guǒ yǒu rén chōu yān yào fá duō shao qián
❼ 如果有人抽烟，要罚多少钱？

☐ A. 两百块 (liǎng bǎi kuài)
B. 三百块 (sān bǎi kuài)
C. 四百块 (sì bǎi kuài)

yún yun xiǎng qù jù huì nà li gàn shén me
❽ 云云 想去聚会那里干 什 么?

☐ zǔ zhǐ chōu yān
A. 阻止抽烟

cān jiā jù huì
B. 参加聚会

zhǎo rén liáo tiānr
C. 找人聊天儿

xiǎo lì dān xīn shén me
❾ 小丽担心什么?

☐ hé chōu yān de rén dǎ jià
A. 和抽烟的人打架

hé chōu yān de rén chǎo jià
B. 和抽烟的人吵架

chōu yān de rén bù tīng quàn gào
C. 抽烟的人不听劝告

shéi zǔ zhǐ le nà xiē rén chōu yān
❿ 谁阻止了那些人抽烟?

☐ jǐng chá
A. 警察

lǎo shī
B. 老师

qīng jié gōng
C. 清洁工

12 给我介绍中国朋友吧

12

情境：马克和丽莎在谈论中国朋友。

回答下面的问题。

lì shā de zhōng guó wǎng yǒu shì jǐ nián jí de xué shēng
❶ 丽莎的中国网友是几年级的学生？

lì shā jiāo zhōng guó wǎng yǒu shén me
❷ 丽莎教中国网友什么？

mǎ kè yǒu wǎng yǒu ma
❸ 马克有网友吗？

mǎ kè xǐ huan shén me tǐ yù yùn dòng
❹ 马克喜欢什么体育运动？

lì shā jiàn yì mǎ kè hé zhōng guó de liú xué shēng xiān zuò shén me
❺ 丽莎建议马克和中国的留学生先做什么？

mǎ kè shén me shí hou jiè shào xiǎo wěi gěi lì shā rèn shi
❻ 马克什么时候介绍小伟给丽莎认识？

tā men zhǔn bèi zài nǎ li jiàn miàn
❼ 他们准备在哪里见面？

lì shā xǐ huan chī shén me kǒu wèi de shí wù
❽ 丽莎喜欢吃什么口味的食物？

13 小王怎么了

情境：大卫好几天没有见到小王了，问他怎么了。 13

1 根据听到的内容填表。

xiǎo wáng de zhěn duàn shū 小王的诊断书	
❶ zhèng zhuàng 症状	a. ______ b. ______ c. ______
❷ zhěn duàn jié guǒ 诊断结果	
❸ yào piàn yòng fǎ 药片用法	
❹ yào shuǐ yòng fǎ 药水用法	
❺ shì fǒu dǎ zhēn 是否打针	
❻ fù zhěn shí jiān 复诊时间	

2 选出正确的答案。

xiǎo wáng zǎo shang chī shén me le
小王早上吃什么了？

☐

yì bēi niú nǎi
A. 一杯牛奶

bàn piàn miàn bāo
B. 半片面包

yí piàn miàn bāo
C. 一片面包

14 有趣的中国方言

情境：一个学生正在向大家介绍中国的方言。 14

1 根据听到的内容填空。

❶ 中国的特点是________大，人口________。

❷ 中国的官方语言是________。

❸ 不同的地方有不同的方言，说话的________也不同。

2 选出四个正确的叙述。

☐ ☐ ☐ ☐

A. 上海话是上海人说的方言。

B. 到了海外，华人都说官方语言。

C. 有的地方每个县有自己的方言，相似但是不同。

D. 广东话比官方语言难学。

E. 很多客家人移民到海外就不讲客家话了。

F. 在海外，有很多人不会说官方语言，但是会说客家话。

G. 演讲中一共提到了三种方言。

15 买宠物

情境：姐姐和弟弟在宠物店里讨论买什么宠物。 15

1 根据听到的内容在表格里打勾（√）。

特点	金鱼	小猫	热带鱼	小白兔
❶ 有很多不同的颜色				
❷ 不好养，经常换水，按时喂食				
❸ 可爱、温顺				
❹ 陪妈妈，让妈妈开心				

2 回答下面的问题。

❶ 养金鱼需要买什么？

❷ 他们买了哪只小猫？

❸ 他们一共花了多少钱？

16 梨可以分着吃吗

情境：一个学生在朋友家做客，谈论吃梨的文化。 16

回答下面的问题。

❶ 谁刚才吃了梨？

❷ 那个梨怎么样？

❸ 哪国人不能分一个梨吃？

❹ 为什么不能和别人分一个梨吃？

❺ 如果一个人吃不完一整个梨，怎么办？

17 他最近压力很大

情境：一个中学生正在看医生。 17

1 选出正确的答案。

❶ 学生最近有什么问题？

☐ A. 饮食
B. 生活
C. 睡眠

❷ 为了改善情况，他尝试了哪种方法？

☐ A. 多喝水
B. 去散步
C. 跟朋友聊天儿

❸ 他晚上的时候会想什么？

☐ A. 功课
B. 家
C. 朋友

❹ 他的目标是什么？

☐ A. 考第一名
B. 有很多好朋友
C. 考出好成绩

❺ 爸爸妈妈希望他将来做什么？

☐ A. 律师
B. 作家
C. 商人

❻ 他自己喜欢做什么？

☐ A. 画画儿
B. 设计
C. 写作

❼ 他还有来自哪方面的压力？

☐ A. 老师
B. 同学
C. 学校

2 选出四个正确的叙述。

☐ A. 他晚上睡得很香。
☐ B. 他喜欢每天晚上睡前散步。
☐ C. 最近他非常紧张自己的学习。
☐ D. 父母想让他学法律专业。
E. 他没有把自己的想法告诉父母。
F. 他生气是因为父母不让他学喜欢的专业。
G. 他的同学很多都比他优秀。
H. 他需要好好儿去旅游一下。

18 我们今天吵架了

情境：丹丹今天不太开心，正在和朋友聊天儿。 18

1 选出正确的答案。

❶ 妈妈为什么生气？

☐ A. 丹丹回家晚了
B. 丹丹参加了比赛
C. 丹丹没有做作业

❷ 丹丹的手机怎么了？

☐ A. 坏了
B. 没电了
C. 丢了

❸ 丹丹下午有什么比赛？

☐ A. 排球
B. 篮球
C. 羽毛球

2 根据听到的内容在表格里打勾（√）。

观点	妈妈	丹丹
❶ 不能参加课外活动了		
❷ 参加课外活动要花很多时间		
❸ 参加比赛可以培养团队精神		
❹ 参加课外活动可以让人得到休息		
❺ 十二年级有国际文凭考试，所以不能参加比赛		
❻ 她从来都不听我说的话		
❼ 回家晚了也不告诉我		
❽ 我今天不想跟她说话了		

第二部分　经历体验

19 你喜欢什么流行歌曲

情境：珍妮和保罗在谈论流行歌曲。

19

1 选出正确的答案。

tā men zài tán lùn nǎ ge guó jiā de liú xíng gē qǔ
❶ 他们在谈论哪个国家的流行歌曲？

☐ A. yīng guó 英国
B. měi guó 美国
C. zhōng guó 中国

nǎ shǒu gē shì zhēn nī yǐ qián zuì xǐ huan de
❷ 哪首歌是珍妮以前最喜欢的？

☐ A. duì bu qǐ, wǒ de zhōng wén bù hǎo 《对不起，我的中文不好》
B. xiǎo píng guǒ 《小苹果》
C. lǎo shǔ ài dà mǐ 《老鼠爱大米》

jīn nián xiào yuán wén huà jié shang, bǎo luó biǎo yǎn le nǎ shǒu gē qǔ
❸ 今年校园文化节上，保罗表演了哪首歌曲？

☐ A. xiǎo píng guǒ 《小苹果》
B. lǎo shǔ ài dà mǐ 《老鼠爱大米》
C. duì bu qǐ, wǒ de zhōng wén bù hǎo 《对不起，我的中文不好》

chàng mín gē duì bǎo luó xué xí zhōng wén yǒu shén me bāng zhù
❹ 唱民歌对保罗学习中文有什么帮助？

☐ A. xué dào le xīn cí huì 学到了新词汇
B. fā yīn biàn hǎo le 发音变好了
C. xǐ huan zhōng guó wén huà le 喜欢中国文化了

qián jìn yuè tuán shén me shí hou lái tā men xué xiào biǎo yǎn de
❺ 前进乐团什么时候来他们学校表演的？

☐
jīn nián
A. 今年
qù nián
B. 去年
qián nián
C. 前年

2 根据听到的内容配对。

diàn shì lián xù jù zhǔ tí gē ❶ 电视连续剧主题歌	☐		duì bu qǐ wǒ de zhōng wén bù hǎo A.《对不起，我的中文不好》
qián jìn yuè tuán ❷ 前进乐团	☐		xuě luò xià de shēng yīn B.《雪落下的声音》
biān tīng gē biān tiào wǔ ❸ 边听歌边跳舞	☐		mò lì huā C.《茉莉花》
tí gāo fā yīn ❹ 提高发音	☐		xiǎo píng guǒ D.《小苹果》
			lǎo shǔ ài dà mǐ E.《老鼠爱大米》

20 跟我一起去买书吧

情境：小华邀请室友小芳一起去逛书店。

20

根据听到的内容填空。

xiǎo huá dǎ suàn qù mǎi zhōng xué shēng yīng hàn xiǎo cí diǎn
1 小华打算去________买《中学生英汉小词典》。

dú zhě hé xiǎo shuō yuè kān shǔ yú
2 《读者》和《小说月刊》属于________。

zhuī fēng zheng de rén zhè běn xiǎo shuō fēi cháng
3 《追风筝的人》这本小说非常________。

xiǎo fāng shàng shū fǎ kè xū yào hé
4 小芳上书法课需要________和________。

xiǎo fāng bù xiǎng qù shū diàn yīn wèi tā
5 小芳不想去书店，因为她________。

xiǎo huá yào qǐng xiǎo fāng chī
6 小华要请小芳吃________。

21 庆祝结婚纪念日

情境：一个男孩跟奶奶视频，谈论怎么帮父母庆祝结婚纪念日。

21

1 选出正确的答案。

bà ba mā ma shì shén me shí hou jié hūn de
❶ 爸爸妈妈是什么时候结婚的？

☐

jiǔ yuè bā rì
A. 九月八日

bā yuè jiǔ rì
B. 八月九日

shí yuè jiǔ rì
C. 十月九日

tā men jié hūn duō jiǔ le
❷ 他们结婚多久了？

☐

sì shí wǔ nián
A. 四十五年

èr shí wǔ nián
B. 二十五年

sān shí wǔ nián
C. 三十五年

2 根据听到的内容在表格里打勾（√）。

qìng zhù huó dòng 庆祝活动	gē ge 哥哥	jiě jie 姐姐	wǒ 我
❶ ōu zhōu lǚ yóu de lái huí jī piào hé líng huā qián 欧洲旅游的来回机票和零花钱			
❷ háo huá yóu lún lǚ yóu 豪华游轮旅游			
❸ dài fù mǔ qù měi guó lǚ xíng 带父母去美国旅行			

22 欢迎订餐

情境：一家酒店在网上发布了广告。

22

1 选出正确的答案。

zhōng guó rén fēi cháng zhòng shì de yí dùn fàn shì
❶ 中国人非常重视的一顿饭是________。

- [ ] A. 早饭 (zǎo fàn)
- B. 晚饭 (wǎn fàn)
- C. 年夜饭 (nián yè fàn)

rú guǒ nǐ jué de zuò fàn ________, kě yǐ lián xì zhè jiā jiǔ diàn
❷ 如果你觉得做饭________，可以联系这家酒店。

- [ ] A. 太难 (tài nán)
- B. 不好吃 (bù hǎo chī)
- C. 麻烦 (má fan)

zhè jiā jiǔ diàn tí gōng zhè zhǒng fú wù duō jiǔ le
❸ 这家酒店提供这种服务多久了？

- [ ] A. 十二年 (shí èr nián)
- B. 二十年 (èr shí nián)
- C. 十一年 (shí yī nián)

zhè jiā jiǔ diàn yǒu duō shao zhǒng bù tóng jià gé de fú wù kě yǐ xuǎn zé
❹ 这家酒店有多少种不同价格的服务可以选择？

- [ ] A. 两种 (liǎng zhǒng)
- B. 十二种 (shí èr zhǒng)
- C. 很多种 (hěn duō zhǒng)

2 根据听到的内容填表。

tào cān 套餐	duō shao dào cài 多少道菜	jià gé 价格
❶ ________ tào cān 套餐		yí wàn kuài 一万块
❷ qīn mín tào cān 亲民套餐		

3 回答下面的问题。

❶ zěn me lián xì jiǔ diàn
怎么联系酒店？

____

❷ zěn me chá kàn jù tǐ de cài dān
怎么查看具体的菜单？

____

❸ rú guǒ yǒu tè shū fú wù zěn me bàn
如果有特殊服务怎么办？

____

23 请帮我预订羽毛球场地

情境：一个羽毛球爱好者打电话预订球场。 23

1 选出正确的答案。

❶ 说话人想订哪里的羽毛球场？
(shuō huà rén xiǎng dìng nǎ li de yǔ máo qiú chǎng)

☐ A. 北京体育馆 (běi jīng tǐ yù guǎn)
B. 南京大学体育馆 (nán jīng dà xué tǐ yù guǎn)
C. 北京大学体育馆 (běi jīng dà xué tǐ yù guǎn)

❷ 说话人想订什么时候的场地？
(shuō huà rén xiǎng dìng shén me shí hou de chǎng dì)

☐ A. 四点到六点 (sì diǎn dào liù diǎn)
B. 三点到五点 (sān diǎn dào wǔ diǎn)
C. 两点到四点 (liǎng diǎn dào sì diǎn)

❸ 说话人想订几个场？
(shuō huà rén xiǎng dìng jǐ ge chǎng)

☐ A. 两个 (liǎng ge)
B. 四个 (sì ge)
C. 一个 (yí ge)

❹ 一共几个人打球？
(yí gòng jǐ ge rén dǎ qiú)

☐ A. 六个人 (liù ge rén)
B. 十六个人 (shí liù ge rén)
C. 九个人 (jiǔ ge rén)

2 回答下面的问题。

❶ shuō huà rén wèi shén me bù néng dìng sān diǎn zhōng de chǎng dì
说话人为什么不能订三点钟的场地？

---

❷ shuō huà rén wèi shén me bù xiǎng dìng shí èr diǎn dào liǎng diǎn de chǎng dì
说话人为什么不想订十二点到两点的场地？

---

3 根据听到的内容填表。

shuō huà rén xìn xī 说话人信息	
❶ xìng 姓	
❷ fù fèi 付费	
❸ xué shēng zhèng hào mǎ 学生证号码	
❹ diàn huà hào mǎ 电话号码	

24 去滑雪

情境：两个朋友在商量周末去滑雪。

24

1 选出四个正确的叙述。

☐ ☐ ☐ ☐

mǎ lì yāoqǐng bǎo luó qù huá xuě
A. 玛丽邀请保罗去滑雪。

mǎ lì kǎo shì kǎo de méi yǒu bǎo luó hǎo
B. 玛丽考试考得没有保罗好。

bǎo luó huá xuě huá de bú cuò
C. 保罗滑雪滑得不错。

zhōu mò yǒu xiǎo yǔ hái guā fēng
D. 周末有小雨，还刮风。

qù huá xuě de rén zhōng yǒu de huì huá xuě yǒu de bú huì
E. 去滑雪的人中，有的会滑雪，有的不会。

bǎo luó yīn wèi yǒu kǎo shì méi yǒu qù huá xuě
F. 保罗因为有考试没有去滑雪。

2 根据听到的内容填空。

rú guǒ nǐ bú huì huá xuě kě yǐ qǐng jiāo nǐ
❶ 如果你不会滑雪，可以请________教你。

huá xuě chǎng kě yǐ zū dào hé
❷ 滑雪场可以租到________和________。

25 中国文化节

情境：一个学生在播客中更新参加文化节的经历。

选出正确的答案。

shéi cān jiā le zhōng guó wén huà jié
❶ 谁参加了中国文化节？

☐

jiā zhǎng
A. 家长

jiā zhǎng hé xué shēng
B. 家长和学生

xué shēng
C. 学生

shuō huà rén chī le nǎ zhǒng zhōng guó shí wù
❷ 说话人吃了哪种中国食物？

☐

xiǎo lóng bāo hé miàn tiáo
A. 小笼包和面条

miàn tiáo hé chūn juǎn
B. 面条和春卷

jiǎo zi hé chǎo fàn
C. 饺子和炒饭

shuō huà rén shēn jiā le shén me huó dòng
❸ 说话人参加了什么活动？

☐

wánr pí yǐng
A. 玩儿皮影

dǎ tài jí quán
B. 打太极拳

xiě máo bǐ zì
C. 写毛笔字

shuō huà rén kàn le shén me biǎo yǎn
❹ 说话人看了什么表演？

☐

wǔ shù
A. 武术

chàng gē
B. 唱歌

yīn yuè huì
C. 音乐会

shuō huà rén jué de zhōng wén zěn me yàng
❺ 说话人觉得中文怎么样？

☐
róng yì
A. 容易
hěn nán
B. 很难
hěn yǒu yì si
C. 很有意思

26 外国人在中国

情境：一篇报道在介绍外国人在中国的工作和生活。 26

1 选出正确的答案。

zài zhōng guó de wài guó rén yǒu duō shao
❶ 在中国的外国人有多少？

☐
hěn duō
A. 很多
bú tài duō
B. 不太多
hěn shǎo
C. 很少

wài guó rén zài zhōng guó zuò shén me
❷ 外国人在中国做什么？

☐
zuò shēng yi
A. 做生意
jiāo yīng wén
B. 教英文
gàn shén me de dōu yǒu
C. 干什么的都有

shǐ mì sī shì zuò shén me de
❸ 史密斯是做什么的？

☐

lǎo shī
A. 老师

shāng rén
B. 商人

lǜ shī
C. 律师

shǐ tài tai jué de zhōng guó de dōng xi zěn me yàng
❹ 史太太觉得中国的东西怎么样？

☐

hěn pián yi
A. 很便宜

hěn guì
B. 很贵

bú tài guì
C. 不太贵

kǎi tè shì zuò shén me de
❺ 凯特是做什么的？

☐

jiāo yīng yǔ
A. 教英语

jiāo xī bān yá yǔ
B. 教西班牙语

jiāo fǎ yǔ
C. 教法语

ān nà xǐ huan zuò shén me
❻ 安娜喜欢做什么？

☐

mǎi dōng xi
A. 买东西

chī dōng xi
B. 吃东西

zài zhōng guó dào chù lǚ yóu
C. 在中国到处旅游

bǎo luó shì nǎ guó rén
❼ 保罗是哪国人？

☐

měi guó rén
A. 美国人

ào zhōu rén
B. 澳洲人

xī bān yá rén
C. 西班牙人

bǎo luó jué de zài zhōng guó shēng huó hé zài tā zì jǐ jiā yǒu shén me qū bié
❽ 保罗觉得在中国生活和在他自己家有什么区别?

☐

bù néng tīng wài guó yīn yuè
A. 不能听外国音乐

bù néng kàn wài guó diàn yǐng
B. 不能看外国电影

yào shuō zhōng wén
C. 要说中文

2 选出四个正确的叙述。

☐ ☐ ☐ ☐

yuè lái yuè shǎo de wài guó rén zài zhōng guó shēng huó hé gōng zuò
A. 越来越少的外国人在中国生活和工作。

wài guó rén zài zhōng guó zhǐ néng zuò jǐ zhǒng jiǎn dān de gōng zuò
B. 外国人在中国只能做几种简单的工作。

shǐ mì sī xiān sheng jué de zài zhōng guó zhuàn qián bǐ jiào róng yì
C. 史密斯先生觉得在中国赚钱比较容易。

shǐ tài tai jué de zhōng guó de shí wù hěn hǎo chī
D. 史太太觉得中国的食物很好吃。

kǎi tè zài zhōng guó zhǐ néng jiāo wài guó péng you
E. 凯特在中国只能交外国朋友。

ān nà cān guān le hěn duō míng shèng gǔ jì
F. 安娜参观了很多名胜古迹。

bǎo luó zài zhōng guó yě kě yǐ kàn dào shì jiè gè dì de xīn wén
G. 保罗在中国也可以看到世界各地的新闻。

bǎo luó bú huì shuō zhōng wén
H. 保罗不会说中文。

27 去企鹅岛旅游

情境：两个朋友在谈论去企鹅岛旅游的事。

27

1 根据听到的内容在表格里打勾（√）。

kāi chē 开车	xiǎo wáng 小王	lǎo lǐ 老李	xiǎo míng 小明
❶ bú huì kāi chē 不会开车			
❷ bù xǐ huan kāi chē 不喜欢开车			
❸ kāi chē qù qǐ é dǎo 开车去企鹅岛			

2 选出正确的答案。

xiǎo wáng hé lǎo lǐ dǎ suàn zěn me qù xiǎo míng jiā
❶ 小王和老李打算怎么去小明家？

☐

zuò qì chē
A. 坐汽车

zuò diàn chē
B. 坐电车

zuò huǒ chē
C. 坐火车

tā men yào jǐ diǎn qián gǎn dào xiǎo míng jiā
❷ 他们要几点前赶到小明家？

☐

wǔ diǎn
A. 五点

liù diǎn
B. 六点

liù diǎn bàn
C. 六点半

tā men huì dài shén me chī de qù qǐ é dǎo
❸ 他们会带什么吃的去企鹅岛？

☐
dàn gāo hé pī sà
A. 蛋糕和披萨

tián tián quān hé dàn gāo
B. 甜甜圈和蛋糕

bǐng gān hé miàn bāo
C. 饼干和面包

lǎo lǐ huì dài shén me shè bèi qù qǐ é dǎo
❹ 老李会带什么设备去企鹅岛？

☐
zhào xiàng jī
A. 照相机

lù yīn jī
B. 录音机

diàn nǎo
C. 电脑

wèi shén me yào duō dài jǐ jiàn yī fu
❺ 为什么要多带几件衣服？

☐
dǎo shang huì xià yǔ
A. 岛上会下雨

dǎo shang fēng dà
B. 岛上风大

dǎo shang huì xià xuě
C. 岛上会下雪

xiǎo wáng tí xǐng lǎo lǐ yào gěi shén me chōng diàn
❻ 小王提醒老李要给什么充电？

☐
zhào xiàng jī hé shǒu jī
A. 照相机和手机

diàn nǎo hé lù yīn jī
B. 电脑和录音机

diàn zǐ bǐ
C. 电子笔

28 你来邮局做什么

28

情境：珍妮和小明在邮局聊天儿。

1 选出正确的答案。

❶ 珍妮在邮局做什么？（zhēn nī zài yóu jú zuò shén me）

☐

A. 寄信（jì xìn）

B. 寄明信片（jì míng xìn piàn）

C. 寄东西（jì dōng xi）

❷ 小明的妈妈给他寄了什么？（xiǎo míng de mā ma gěi tā jì le shén me）

☐

A. 书（shū）

B. 好吃的（hǎo chī de）

C. 信（xìn）

2 回答下面的问题。

❶ 小明的妈妈选择用邮递寄的原因有哪些？（xiǎo míng de mā ma xuǎn zé yòng yóu dì jì de yuán yīn yǒu nǎ xiē）

a. ______________________________

b. ______________________________

❷ 小明的爸爸有什么爱好？（xiǎo míng de bà ba yǒu shén me ài hào）

____

zhè tào yóu piào shang yǒu shén me dòng wù
❸ 这套邮票上有什么动物？

---

zhè tào yóu piào shí nián hòu kě néng huì zěn me yàng
❹ 这套邮票十年后可能会怎么样？

---

xiǎo míng dǎ suàn mǎi duō shao tào zhè zhǒng yóu piào
❺ 小明打算买多少套这种邮票？

---

29 墨尔本国际赛马节

情境：在中国举办的澳洲旅游展览会上，一名工作人员向观众介绍墨尔本的赛马节。

29

1 选出正确的答案。

mò ěr běn guó jì sài mǎ jié zài shén me shí hou jǔ xíng
❶ 墨尔本国际赛马节在什么时候举行？

☐

měi nián shí yī yuè de dì yī ge xīng qī èr
A. 每年十一月的第一个星期二

měi nián shí èr yuè de dì yī ge xīng qī èr
B. 每年十二月的第一个星期二

měi nián shí yī yuè de dì èr ge xīng qī èr
C. 每年十一月的第二个星期二

nǎ xiē rén kě yǐ cān jiā mò ěr běn guó jì sài mǎ jié
❷ 哪些人可以参加墨尔本国际赛马节？

☐
zhǐ néng shì ào zhōu rén
A. 只能是澳洲人
wài guó rén yě kě yǐ cān jiā
B. 外国人也可以参加
zhǐ néng shì mò ěr běn rén
C. 只能是墨尔本人

sài mǎ jié zhè tiān rén men shàng bān ma
❸ 赛马节这天人们 上 班吗？

☐
bú yòng shàng bān
A. 不用 上 班
zhèng cháng shàng bān
B. 正 常 上 班
méi yǒu tí dào
C. 没有提到

kàn sài mǎ de nán shì chuān shén me
❹ 看赛马的男士穿 什么？

☐
xī zhuāng
A. 西 装
niú zǎi kù
B. 牛仔裤
xiū xián fú
C. 休闲服

kàn sài mǎ de nǚ shì yào dài shén me
❺ 看赛马的女士要戴什么？

☐
shǒu biǎo
A. 手 表
xiàng liàn
B. 项 链
mào zi
C. 帽子

zài sài mǎ chǎng shang shéi kě yǐ huò dé fēng hòu de jiǎng pǐn
❻ 在赛马场 上，谁可以获得丰厚的奖品？

☐
guàn jūn mǎ
A. 冠军马
chuān zhuó zuì jiā de rén
B. 穿 着最佳的人
xìng yùn guān zhòng
C. 幸运观 众

méi yǒu qù sài mǎ chǎng de rén xǐ huan zuò shén me
❼ 没有去赛马场的人喜欢做什么？

☐

dǔ mǎ
A. 赌马

guàng jiē
B. 逛街

lǚ yóu
C. 旅游

rú guǒ tóu zhù bìng cāi zhòng le nǎ pǐ mǎ dé dào guàn jūn nǐ kě yǐ dé dào shén me
❽ 如果投注并猜中了哪匹马得到冠军，你可以得到什么？

☐

qián
A. 钱

jiǎng pǐn
B. 奖品

jiǎng bēi
C. 奖杯

2 选出三个正确的叙述。

☐ ☐ ☐

mò ěr běn guó jì sài mǎ jié de xuǎn shǒu lái zì shì jiè gè dì
A. 墨尔本国际赛马节的选手来自世界各地。

huò dé guàn jūn de mǎ hé qí shǒu dé dào de qián hěn shǎo
B. 获得冠军的马和骑手得到的钱很少。

qù cān jiā sài mǎ jié nán shì hé nǚ shì kě yǐ suí yì chuān zhuó
C. 去参加赛马节，男士和女士可以随意穿着。

bú qù sài mǎ de huà huì bèi fá kuǎn
D. 不去赛马的话，会被罚款。

dǔ mǎ rú guǒ dǔ yíng le kě yǐ yíng yì xiē qián
E. 赌马如果赌赢了，可以赢一些钱。

ào zhōu rén dōu kě yǐ cān yù dǔ mǎ
F. 澳洲人都可以参与赌马。

30 你可以帮我复习考试吗

情境：两个人在谈论放学以后做什么。 30

选出正确的答案。

lín dá fàng xué yǐ hòu yǒu shén me kè wài huó dòng
❶ 林达放学以后有什么课外活动？

☐
A. yǎn chū 演出
B. tiào wǔ 跳舞
C. dǎ wǎng qiú 打网球

xiǎo wáng míng tiān yǒu shén me kǎo shì
❷ 小王明天有什么考试？

☐
A. yīng yǔ 英语
B. hàn yǔ 汉语
C. fǎ yǔ 法语

lín dá kě yǐ yòng shén me fāng shì bāng zhù xiǎo wáng fù xí
❸ 林达可以用什么方式帮助小王复习？

☐
A. miàn duì miàn 面对面
B. xiě xìn 写信
C. dǎ diàn huà 打电话

xiǎo wáng wǎn shang hái yào cān jiā shén me huó dòng
❹ 小王晚上还要参加什么活动？

☐
A. pīng pāng qiú bǐ sài 乒乓球比赛
B. lán qiú bǐ sài 篮球比赛
C. wǎng qiú bǐ sài 网球比赛

xiǎo wáng bǐ sài wán jǐ diǎn kě yǐ dào jiā
❺ 小王比赛完几点可以到家？

☐ A. 七点 (qī diǎn)
B. 八点 (bā diǎn)
C. 九点 (jiǔ diǎn)

lín dá wèi shén me yào bāng zhù xiǎo wáng kǎo qián fù xí
❻ 林达为什么要帮助小王考前复习？

☐ A. 小王人好 (xiǎo wáng rén hǎo)
B. 林达很热心 (lín dá hěn rè xīn)
C. 他们是好朋友 (tā men shì hǎo péng you)

31 中文演讲比赛

情境：安琪和约翰在谈论昨晚的演讲比赛。 31

1 选出正确的答案。

yuē hàn de zhōng wén yǎn jiǎng bǐ sài zěn me yàng
❶ 约翰的中文演讲比赛怎么样？

☐ A. 得了第一名 (dé le dì yī míng)
B. 得了第二名 (dé le dì èr míng)
C. 得了第三名 (dé le dì sān míng)

ān qí wèi shén me méi yǒu qù kàn zhōng wén yǎn jiǎng bǐ sài
❷ 安琪为什么没有去看中文演讲比赛？

☐

tā yǒu gāng qín bǐ sài
A. 她有钢琴比赛

tā yǒu bǔ xí kè
B. 她有补习课

tā yǒu kè wài huó dòng
C. 她有课外活动

yuē hàn jiǎng de nà ge gù shi zěn me yàng
❸ 约翰讲的那个故事怎么样？

☐

hěn yǒu yì si
A. 很有意思

hěn wú liáo
B. 很无聊

bù hǎo wánr
C. 不好玩儿

2 回答下面的问题。

wèi shén me yuē hàn de zhōng wén yǎn jiǎng bǐ sài bú tài hǎo
❶ 为什么约翰的中文演讲比赛不太好？

yǎn jiǎng méi yǒu
a. 演讲没有 ______________________________

wèn tí huí dá de
b. 问题回答得 ______________________________

yuē hàn huí dá běi jīng míng shèng gǔ jì de wèn tí shí dōu shuō le nǎ sān ge dì fang
❷ 约翰回答北京名胜古迹的问题时，都说了哪三个地方？

__________、__________、__________

32 我们在学校集合

情境：排球队队长正在通知周六比赛的安排。 32

1 根据听到的内容填表。

通知内容	
比赛名称	校际排球比赛
❶ 比赛时间	
❷ 比赛地点	
❸ 学校集合时间	
❹ 去比赛的交通工具	
❺ 比赛要带的东西	
❻ 午餐	

2 回答下面的问题。

❶ 这个通知是给谁的？

____

❷ 离开学校前一个小时要做什么？

____

❸ 如果有问题应该问谁？

____

33 看球赛

情境：小明和大卫在谈论周末都做了什么。 33

选出正确的答案。

❶ 小明周末做了什么？

☐ A. 看了网球公开赛
B. 看了足球赛
C. 看了羽毛球公开赛

❷ 小明的舅舅是从哪里来的？

☐ A. 中国
B. 澳洲
C. 法国

❸ 他们在哪里看的公开赛？

☐ A. 电视
B. 现场
C. 大屏幕

❹ 比赛最后谁赢了？

☐ A. 美国的马克
B. 澳洲的托尼
C. 平局

❺ 提前多久在网上订票可以打六折？

☐ A. 一个月
B. 两个月
C. 三个月

❻ 明年大卫会跟小明一起去看球赛吗？

☐ A. 不去
B. 去
C. 不确定

34 深圳世界之窗

情境：一个人在播客上谈论去世界之窗游玩的经历。 34

1 回答下面的问题。

❶ 深圳的世界之窗是一个什么地方？

____

❷ 世界之窗的悉尼歌剧院和真正的悉尼歌剧院有什么区别？

____

❸ 为什么他觉得世界之窗不错？

____

❹ 他今天参观完所有的景点了吗？

---

2 选择三个正确的叙述。

□ □ □

A. 只有真正去悉尼看看才会知道悉尼歌剧院有多美。

B. 世界之窗只有悉尼歌剧院、伦敦大桥、埃菲尔铁塔。

C. 他觉得世界之窗不怎么好。

D. 在一个地方看到很多世界名胜他很开心。

E. 明天他还要去世界之窗。

F. 他今天把所有的景点都看了。

35 买哪种月饼好呢

35

情境：小方去商店买月饼。

回答下面的问题。

❶ 什么节日快到了？

---

❷ 红豆月饼多少钱一盒？一盒有几块？

---

❸ 红豆月饼的包装盒子怎么样？

---

❹ 为什么另一盒月饼叫七星伴月？

---

❺ 七星伴月的月饼里面的馅儿是一样的吗？

---

❻ 七星伴月多少钱一盒？

---

❼ 小方决定买月饼了吗？

---

36 一个特大好消息

情境：哥哥告诉了妹妹一个好消息。 36

1 选出正确的答案。

❶ 妹妹喜欢什么？

☐ A. 植物

B. 动物

C. 海洋动物

❷ 妹妹觉得熊猫怎么样？

☐ A. 可爱
B. 漂亮
C. 笨拙

❸ 他们现在在哪里也可以看到树熊？

☐ A. 北京动物园
B. 上海动物园
C. 香港动物园

❹ 新生的两只小树熊是什么关系？

☐ A. 哥哥和弟弟
B. 姐姐和妹妹
C. 双胞胎

2 选出三个正确的叙述。

☐ ☐ ☐
A. 小树熊可以吃中国产的食物。
B. 动物园请了澳洲专家指导他们怎么照顾小树熊。
C. 大山的爸爸是树熊饲养员。
D. 人们要等小树熊长大以后才可以去看。
E. 妹妹不想去看小树熊。
F. 哥哥现在要给大山打电话说去看小树熊的事情。

37 要开运动会了

情境：在香港的一所学校，新生玛丽正在跟班长谈论运动会。

37

1 回答下面的问题。

❶ 运动会一年开几次？

____

❷ 运动会什么时候开？

____

❸ 开运动会的时候气温怎么样？

____

❹ 运动会在哪里举办？

____

❺ 一个人最多可以参加几项比赛？

____

2 选出正确的答案。

❶ 玛丽喜欢哪几项运动项目？

☐ A. 打篮球、打羽毛球和跑步

B. 短跑、打网球和打板球

C. 长跑、短跑和跳远

❷ 去年他们班的总成绩怎么样？

☐ A. 得了第三名
B. 得了第二名
C. 得了第四名

❸ 今年他们运动会的目标是什么？

☐ A. 取得好成绩
B. 比去年好一点儿
C. 拿到冠军

❹ 他们学校的操场什么样？

☐ A. 没有真草
B. 特别大
C. 可以开运动会

38 来参加婚礼吧

情境：华人女孩月月邀请好朋友参加亲人的婚礼。 38

1 根据听到的内容填表。

❶ 谁的婚礼	
❷ 婚礼时间	
❸ 婚礼方式	

2 **回答下面的问题。**

❶ 月月准备在红包里放多少钱？为什么？

---

❷ 在大伟的国家，参加婚礼需要送什么？

---

❸ 为什么婚礼上不能穿黑色的衣服？

---

❹ 大伟准备穿什么颜色的衣服去婚礼？

---

39 学开车，找教练

情境：小兰向小红征求学车意见。 39

1 **根据听到的内容填表。**

学车广告	
❶ 上课次数	
❷ 是否包含考试费用	
❸ 费用金额	

2 回答下面的问题。

❶ 小兰什么时候考的理论考试？

❷ 小兰理论考试考得怎么样？

❸ 小兰为什么不让爸爸教她学开车？

❹ 小兰想找说什么语言的教练？

❺ 小红推荐的教练有什么优势？

❻ 学车的费用是多少？

❼ 教练的电话是多少？

40 你在哪里呢

情境：已经很晚了，冬梅准备去接她的丈夫。 40

回答下面的问题。

❶ 现在大约几点了？

❷ 建国说他什么时候打电话给冬梅？

❸ 建国到新城地铁站要花多长时间？

❹ 冬梅在红绿灯的哪个方向？

❺ 建国让冬梅给他什么信号？

❻ 车停在哪里了？

❼ 为什么冬梅没有把车停在回家的方向？

41 旅游胜地西湖

情境：导游向游客介绍西湖风景区。 41

1 根据听到的内容填表。

西湖风景区	
❶ 总面积	______平方千米
❷ 地址	
❸ 湖面面积	______平方千米
❹ 水深	最深______米左右，最浅不到______米
❺ 南、北、西	三面都是______
❻ 公园景点数目	
❼ 博物馆数目	

2 回答下面的问题。

❶ 西湖有多少个文物保护单位？

____

❷ 西湖现在是收费的还是免费的？

____

❸ 当地人喜欢去西湖做什么？

____

❹ 今天的天气怎么样？

____

❺ 游客可以一边走路一边做什么？

____

42 一起去听京剧吧

情境：亮亮在跟奶奶谈论京剧。

42

1 选出正确的答案。

❶ 亮亮不想去看京剧，他担心什么？

☐
A. 路太远
B. 听不懂
C. 票太贵

❷ 京剧中好人的脸是什么颜色的？

☐
A. 黑色
B. 白色
C. 红色

❸ 奶奶是从什么时候开始听京剧的？

☐
A. 四岁
B. 九岁
C. 十岁

2 根据听到的内容填表。

❶ 京剧角色的种类	
❷ 坏人的脸谱颜色	
❸ 奶奶真正看懂京剧的时间	
❹ 亮亮今后的打算	

3 回答下面的问题。

❶ 奶奶说京剧里包括了什么？

❷ 奶奶夸亮亮是什么？

第三部分　发明创造

43 买电话卡

情境：一个留学生在美国的唐人街买电话卡。

43

1 根据听到的内容在表格里打勾（√）。

diàn huà kǎ lèi xíng 电话卡类型	cháng chéng kǎ 长城卡	huáng shān kǎ 黄山卡	xióng māo kǎ 熊猫卡
❶ dǎ guó nèi diàn huà 打国内电话			√
❷ dǎ guó jì cháng tú 打国际长途	√		
❸ dǎ guó jì cháng tú 打国际长途、 shàng wǎng 上网		√	

2 选出正确的答案。

❶ tā huā duō shao qián mǎi le huáng shān kǎ
他花多少钱买了黄山卡？

☑
A. shí měi yuán 十美元
B. sān měi yuán 三美元
C. bā měi yuán 八美元

❷ zuì hòu tā mǎi le shén me
最后他买了什么？

☐
A. shǒu jī hé xióng māo kǎ 手机和熊猫卡
B. xióng māo pái shǒu jī 熊猫牌手机
C. huáng shān kǎ 黄山卡

tā shì zěn me fù kuǎn de
❸ 他是怎么付款的？

☐ A. 现金 (xiàn jīn)
B. 信用卡 (xìn yòng kǎ)
C. 支票 (zhī piào)

44 我的网店

情境：一个网络视频广告正在介绍网店。

选出正确的答案。

wǎng diàn jīng yíng nǎ ge guó jiā de chǎn pǐn
❶ 网店经营哪个国家的产品？

☐ A. 加拿大 (jiā ná dà)
B. 英国 (yīng guó)
C. 澳大利亚 (ào dà lì yà)

qiān bǐ yǒu shén me tè sè
❷ 铅笔有什么特色？

☐ A. 有各种颜色 (yǒu gè zhǒng yán sè)
B. 可以当玩具 (kě yǐ dāng wán jù)
C. 有香味儿 (yǒu xiāng wèir)

❸ 袋鼠、树袋熊玩具的尺寸有什么特点？
dài shǔ shù dài xióng wán jù de chǐ cùn yǒu shén me tè diǎn

☐ A. 只有一种尺寸 (zhǐ yǒu yì zhǒng chǐ cùn)
B. 有不同尺寸 (yǒu bù tóng chǐ cùn)
C. 有大的和小的两种尺寸 (yǒu dà de hé xiǎo de liǎng zhǒng chǐ cùn)

❹ 什么人喜欢买保健品？
shén me rén xǐ huan mǎi bǎo jiàn pǐn

☐ A. 中老年人 (zhōng lǎo nián rén)
B. 老年人 (lǎo nián rén)
C. 年轻人 (nián qīng rén)

❺ 网店的什么东西最受大人欢迎？
wǎng diàn de shén me dōng xi zuì shòu dà rén huān yíng

☐ A. 保健品 (bǎo jiàn pǐn)
B. 维他命 (wéi tā mìng)
C. 婴儿奶粉 (yīng ér nǎi fěn)

45 愉快的旅行

情境：朱丽跟她的好朋友阿伦谈自己的旅行经历。 45

1 选出正确的答案。

ā lún hé zhū lì duō jiǔ méi jiàn miàn le
❶ 阿伦和朱丽多久没见面了？

☐
wǔ tiān
A. 五天
liǎng ge xīng qī
B. 两个星期
hěn jiǔ
C. 很久

zhū lì qù le nǎ li
❷ 朱丽去了哪里？

☐
ōu zhōu hé jiā ná dà
A. 欧洲和加拿大
ōu zhōu hé měi guó
B. 欧洲和美国
běi měi zhōu hé bā xī
C. 北美洲和巴西

zhū lì duì nǎ liǎng zuò chéng shì yìn xiàng zuì shēn
❸ 朱丽对哪两座城市印象最深？

☐
lún dūn hé huá shèng dùn
A. 伦敦和华盛顿
xīn jiā pō hé wēn gē huá
B. 新加坡和温哥华
lún dūn hé bā lí
C. 伦敦和巴黎

2 回答下面的问题。

wèi shén me zhū lì xǐ huan yuè nán zhàn zhēng jì niàn bēi
❶ 为什么朱丽喜欢越南战争纪念碑？

---

zhū lì jué de nǎ li hěn yǒu yì si
❷ 朱丽觉得哪里很有意思？

bai gùng

ā lún wèi shén me bù kǎo lǜ qù lún dūn
❸ 阿伦为什么不考虑去伦敦？

没有那么多钱

---

46 为什么午饭味道这么好

情境：午饭后，两个学生在谈论今天的饭菜。 46

1 选出正确的答案。

duì huà fā shēng zài nǎ li
❶ 对话发生在哪里？

☐

xué xiào tú shū guǎn
A. 学校图书馆

cān tīng
B. 餐厅

chú fáng
C. 厨房

zuò fàn jī qì rén shì nǎ ge gōng sī shè jì de
❷ 做饭机器人是哪个公司设计的?

☐
huá wéi
A. 华为

zhōng xīng
B. 中兴

bà ba de gōng sī
C. 爸爸的公司

shuō huà rén wèi shén me méi yǒu dài wǔ fàn
❸ 说话人为什么没有带午饭?

☐
mā ma tài máng le méi kòng zuò fàn
A. 妈妈太忙了,没空做饭

bà ba bú ràng tā dài fàn
B. 爸爸不让他带饭

tīng bà ba shuō xué xiào yǒu zuò fàn jī qì rén le
C. 听爸爸说学校有做饭机器人了

tā men jué dé zuò fàn jī qì rén zěn me yàng
❹ 他们觉得做饭机器人怎么样?

☐
tài kù le
A. 太酷了

yǒu diǎnr má fan
B. 有点儿麻烦

méi shén me yòng
C. 没什么用

2 根据听到的内容填空。

wǒ men xué xiào mǎi le ge zuò fàn jī qì rén zài chú fáng de
我们学校买了______个做饭机器人,在厨房的______。

dà chú bǎ shè jì hǎo tā men jiù huì zhào zhe zuò cài yòu
大厨把______设计好,它们就会照着做菜,又

yòu
______又______。

47 送货小能手

情境：两个朋友在聊天儿。

47

1 选出正确的答案。

❶ zuó wǎn shuō huà rén kàn le shén me
昨晚说话人看了什么？

[C]

A. yì chǎng diàn yǐng 一场电影

B. diàn shì jù 电视剧

C. yí ge shì pín 一个视频

❷ jī qì rén zài nǎ li sòng huò
机器人在哪里送货？

[A]

A. jiǔ diàn li 酒店里

B. xiǎo qū li 小区里

C. shāng chǎng li 商场里

❸ jī qì rén dào le mén kǒu zěn me tōng zhī nǐ ná dōng xi
机器人到了门口怎么通知你拿东西？

[C]

A. qiāo mén 敲门

B. dà shēng hǎn 大声喊

C. dǎ diàn huà 打电话

jī qì rén dōu huì shuō shén me yǔ yán
❹ 机器人都会说什么语言？

C

zhōng wén hé rì yǔ
A. 中文和日语

yīng yǔ hé guǎng dōng huà
B. 英语和广东话

yīng yǔ hé hàn yǔ
C. 英语和汉语

2 根据听到的内容填空。

dōng xi sòng dào yǐ hòu, jī qì rén huì zì jǐ shàng ______, huí dào ______
❶ 东西送到以后，机器人会自己上 电梯 ，回到 酒店 。

ràng jī qì rén sòng huò, nǐ zhǐ xū yào
❷ 让机器人送货，你只需要 一个电机 。

xià xīng qī wǒ qù běi jīng ______ dìng de jiǔ diàn yǒu sòng huò jī qì rén
❸ 下星期我去北京 旅游 订的酒店有送货机器人。

48 请问这儿怎么去

情境：大伟要去某个地方，向小明询问怎么走。 48

1 选出正确的答案。

dà wěi xiǎng qù nǎ li
❶ 大伟想去哪里？

☐

shì zhōng xīn
A. 市中心

bó wù guǎn
B. 博物馆

dì tiě zhàn
C. 地铁站

dà wěi zì jǐ kāi chē qù nà li xū yào duō cháng shí jiān
❷ 大伟自己开车去那里需要多长时间？

☐
A. shí wǔ fēn zhōng
十五分钟

B. bàn ge xiǎo shí
半个小时

C. sān kè zhōng
三刻钟

dà wěi míng tiān xū yào jǐ diǎn qián dào dá nà li
❸ 大伟明天需要几点前到达那里？

☐
A. sì diǎn
四点

B. qī diǎn
七点

C. shí diǎn
十点

dà wěi wèi shén me zuì hǎo bú yào zuò gōng gòng qì chē
❹ 大伟为什么最好不要坐公共汽车？

☐
A. zuò chē de rén tài duō
坐车的人太多

B. chē tài shǎo le
车太少了

C. chē zhàn lí tā jiā yǒu diǎnr yuǎn
车站离他家有点儿远

2 根据听到的内容填空。

dà wěi zuì hòu jué dìng xiān ________ dào dì tiě zhàn, rán hòu zuò dì tiě
大伟最后决定先________到地铁站，然后坐地铁

dào ________, zài ________ qù mù dì dì
到________，再________去目的地。

49 飞机晚点了

情境：某机场正在播放飞机晚点的广播。 49

1 根据听到的内容填表。

háng bān xìn xī 航班信息			
❶ háng bān 航班		❺ wǎn diǎn yuán yīn 晚点原因	
❷ chū fā dì 出发地		❻ gēng xīn qǐ fēi shí jiān 更新起飞时间	
❸ mù dì dì 目的地		❼ yuán dēng jī kǒu 原登机口	
❹ yuán dìng qǐ fēi shí jiān 原定起飞时间		❽ gēng xīn hòu dēng jī kǒu 更新后登机口	

2 回答下面的问题。

lǚ kè men kě yǐ dào nǎ li xiū xi
❶ 旅客们可以到哪里休息？

______

tā men duì lǚ kè de lǐ jiě hé hé zuò biǎo shì shén me
❷ 他们对旅客的理解和合作表示什么？

______

50 精彩的音乐会

情境：玛丽和梅梅在谈论音乐会。

50

1 选出正确的答案。

❶ 学校音乐会什么时候举行的？
xué xiào yīn yuè huì shén me shí hou jǔ xíng de

☐
A. 今天上午 (jīn tiān shàng wǔ)
B. 昨天晚上 (zuó tiān wǎn shang)
C. 昨天下午 (zuó tiān xià wǔ)

❷ 谁唱了国歌？
shéi chàng le guó gē

☐
A. 一个八年级的学生 (yí ge bā nián jí de xué shēng)
B. 丽萨 (lì sà)
C. 梅梅 (méi mei)

❸ 梅梅的爸爸为什么没有看演出？
méi mei de bà ba wèi shén me méi yǒu kàn yǎn chū

☐
A. 生病了 (shēng bìng le)
B. 在公司加班 (zài gōng sī jiā bān)
C. 出差了 (chū chāi le)

❹ 玛丽为什么选择坐电车？
mǎ lì wèi shén me xuǎn zé zuò diàn chē

☐
A. 电车在她家门口 (diàn chē zài tā jiā mén kǒu)
B. 电车直接到学校门口 (diàn chē zhí jiē dào xué xiào mén kǒu)
C. 出门刚好电车来了 (chū mén gāng hǎo diàn chē lái le)

méi mei shì zuò shén me qù kàn jié mù de
❺ 梅梅是坐什么去看节目的？

☐

dì tiě
A. 地铁

diàn chē
B. 电车

gōng gòng qì chē
C. 公共汽车

kàn wán yǎn chū hòu shéi xiān dào jiā de
❻ 看完演出后，谁先到家的？

☐

méi mei
A. 梅梅

mǎ lì
B. 玛丽

tóng shí dào jiā
C. 同时到家

méi mei huí jiā hòu xiān zuò le shén me
❼ 梅梅回家后先做了什么？

☐

shuì jiào
A. 睡觉

hē shuǐ
B. 喝水

xǐ zǎo
C. 洗澡

jīn nián yǒu jǐ ge xué shēng dú chàng le
❽ 今年有几个学生独唱了？

☐

sān ge
A. 三个

sì ge
B. 四个

wǔ ge
C. 五个

2 根据听到的内容在表格里打勾（√）。

biǎo yǎn jié mù 表演节目	lì sà 丽萨	bèi dì 贝蒂	méimei 梅梅	yí ge bā nián jí xué shēng 一个八年级学生
❶ tán gāng qín 弹钢琴				
❷ chàng guó gē 唱国歌				
❸ hé chàng de lǐng chàng 合唱的领唱				
❹ hé chàng rén yuán 合唱人员				

51 机器人

情境：两个人在讨论有关机器人的视频。 51

1 选出正确的答案。

shuō huà rén shén me shí hou kàn de shì pín
❶ 说话人什么时候看的视频？

☐

wǔ fàn shí
A. 午饭时

shàng kè shí
B. 上课时

kāi huì shí
C. 开会时

kànwán shì pín de gǎn jué zěn me yàng
❷ 看完视频的感觉怎么样？

☐

gāoxìng
A. 高兴

shāng xīn
B. 伤心

hài pà
C. 害怕

shì pín shì guān yú shén me de
❸ 视频是关于什么的？

☐

jī qì rén bāng zhù rén lèi
A. 机器人帮助人类

kē xué jiā xùn liàn jī qì rén
B. 科学家训练机器人

jī qì rén de duì huà
C. 机器人的对话

shì pín zhōng de jī qì rén zài zuò shén me
❹ 视频中的机器人在做什么？

☐

liáo tiānr
A. 聊天儿

dǎ jià
B. 打架

biàn lùn
C. 辩论

2 根据听到的内容在表格里打勾（√）。

guān diǎn 观点	suǒ fēi yà 索菲亚	kē xué jiā 科学家	wǒ hé péngyou 我和朋友
qǐng huí dá nǐ bú huì xiāo miè rén lèi ❶ 请回答你不会消灭人类			
tā men yǒu kě néng tǒng zhì shì jiè ❷ 它们有可能统治世界			
wǒ huì xiāo miè rén lèi ❸ 我会消灭人类			
xī wàng hǎo hāor xùn liàn jī qì rén ❹ 希望好好儿训练机器人			
jī qì rén hǎo xiàng huì sī kǎo wèn tí ❺ 机器人好像会思考问题			

52 台湾民宿

情境：主人正在向客人介绍自己的民宿。 52

1 选出正确的答案。

❶ xíng li xiāng yào fàng dào nǎ li
行李箱要放到哪里？

☐
A. dì shang 地上
B. guì zi li 柜子里
C. mén kǒu 门口

❷ zhǔ rén xiān gěi yóu kè jiè shào le nǎ li
主人先给游客介绍了哪里？

☐
A. wò shì 卧室
B. kè tīng 客厅
C. chú fáng 厨房

❸ zhǔ rén zài bīng xiāng li fàng le shén me shuǐ guǒ
主人在冰箱里放了什么水果？

☐
A. píng guǒ、fèng lí hé xiāng jiāo 苹果、凤梨和香蕉
B. píng guǒ、fèng lí hé qí yì guǒ 苹果、凤梨和奇异果
C. píng guǒ、qí yì guǒ hé xiāng jiāo 苹果、奇异果和香蕉

❹ mén wài de lā jī tǒng yǒu jǐ ge
门外的垃圾桶有几个？

☐
A. sān ge 三个
B. sì ge 四个
C. wǔ ge 五个

❺ 怎么确定可回收垃圾放进哪个垃圾桶？

- [ ] A. 按照指示信息
  B. 按照包装袋的颜色
  C. 按照位置

❻ 如果想锻炼身体，游客可以选择什么交通工具？

- [ ] A. 电动车
  B. 摩托
  C. 自行车

❼ 房间的网络是收费的吗？

- [ ] A. 收费
  B. 免费
  C. 没有提到

❽ 如果想联系主人，游客要怎么做？

- [ ] A. 发短信
  B. 打电话
  C. 直接找她

2 根据听到的内容填空。

❶ bīng xiāng li yǒu yì xiē
冰箱里有一些________。

❷ guì zi li yǒu hěn duō
柜子里有很多________。

❸ xiāo yè lǐ miàn kě yǐ jiā ... hé
宵夜里面可以加________和________。

❹ mín sù de wǎng luò mì mǎ shì
民宿的网络密码是________。

53 我们长大了

情境：老师准备放一个电视节目给学生看。 53

1 选出正确的答案。

❶《我们长大了》是一个什么电视节目？

[C]
A. 电视剧
B. 纪录片
C. 真人秀

❷《我们长大了》里的主人公来自几个家庭？

[B]
A. 三个
B. 六个
C. 两个

❸ 参加《我们长大了》的小朋友之间的关系不包括以下哪一种？

- A. 姐姐和弟弟
- B. 双胞胎姐妹
- C. 哥哥和弟弟

❹ 如果六个成年人猜错了孩子的解决方案，会怎么样？

- A. 接受惩罚
- B. 退出节目
- C. 表演节目

2 选出三个正确的叙述。

- A.《我们长大了》会邀请三个小朋友参加。
- B. 这个节目会给每个小朋友一个任务。
- C. 小朋友们来自同一个家庭。
- D. 六个成年人需要猜孩子们会选哪种方案来解决问题。
- E. 如果他们猜错了，可能要把自己最丑的照片发到网上。
- F. 老师可能会放两遍《我们长大了》。
- G. 学生只打算看孩子们的表演。

54 你选了哪些科目

情境：两个朋友在谈论今年选了什么科目。

选出五个正确的叙述。

☐ ☐ ☐ ☐ ☐

A. 大卫选的科目有三个是和元元一样的。

B. 大卫没有选经济学是因为经济学老师太严厉了。

C. 大卫以后可能选音乐专业。

D. 大卫一直觉得弹钢琴挺无聊的。

E. 元元四岁就可以每天花一小时画画儿。

F. 元元的爸爸是一名国画画家。

G. 元元想上美术学院。

H. 音乐和美术现在是他们的爱好。

55 高铁真便捷

情境：马龙在谈论他坐高铁出行的经历。

选出三个正确的叙述。

☐ ☐ ☐

A. 坐高铁的人们像个大家庭一样。

B. 坐高铁的人互相都认识。

C. 坐高铁的人来自不同的地方。

D. 高铁上的服务员服务很好。

E. 高铁的票价有点儿贵。

F. 坐高铁的人比较少，是因为高铁能到达的地方不多。

56 我们骑共享单车进城吧

情境：两个好朋友讨论怎么去市中心。

56

1 选出正确的答案。

❶ 为什么小李今天想去参观市政大厅？

C

A. 今天是圣诞节

B. 今天是慈善日

C. 今天是开放日

❷ 小李为什么不开车去？

A

A. 停车不方便

B. 太多汽车

C. 不喜欢开车

❸ 市政大厅离他家有多远？

B

A. 很远

B. 不远

C. 很近

❹ 怎么判断共享单车是哪家公司的？

C

A. 根据尺寸

B. 根据标志

C. 根据颜色

2 回答下面的问题。

❶ 骑共享单车的好处有哪些？

a. ______________________

b. ______________________

❷ 共享单车怎么收费？

____

❸ 租共享单车要有什么才能扫二维码？

____

❹ 小王会骑自行车吗？

____

57 我看了《女篮5号》

情境：一个人在讲她和奶奶一起做了什么。 57

1 选出正确的答案。

❶ 她写的是什么文体的文章？

☐ A. 日记

B. 小说

C. 电子邮件

❷ 她和奶奶看的《女篮 5 号》是什么?

☐ A. 电视
B. 电影
C. 戏剧

❸ 《女篮 5 号》是什么时候拍摄的?

☐ A. 1983 年
B. 2007 年
C. 1957 年

❹ 奶奶年轻的时候参加过什么体育活动?

☐ A. 踢足球
B. 打篮球
C. 打网球

❺ 她对什么地方不太满意?

☐ A. 结尾很让人伤心
B. 没有英文字幕
C. 看不懂情节

❻ 看《女篮 5 号》时，奶奶给她当什么?

☐ A. 翻译
B. 老师
C. 学生

2 根据听到的内容填表。

《女篮5号》	
❶ 哪国出品	
❷ 题材	
❸ 电影内容	
❹ 喜欢的原因	

58 三国游戏

情境：阿伦问小宋关于新游戏的一些情况。

1 选出正确的答案。

❶ 小宋的游戏是谁给买的？

A. 舅舅
B. 妈妈
C. 爸爸

❷ 为什么阿伦借了游戏也没有用？

A. 看不懂游戏里的中文解说
B. 不知道怎么玩儿
C. 游戏很无聊

❸ 阿伦玩儿三国游戏时，需要什么帮助？

☐ A. 电脑

B. 安静的环境

C. 小宋帮他翻译

❹ 阿伦什么时候去小宋家玩儿游戏？

☐ A. 星期一

B. 放学后

C. 周末

2 回答下面的问题。

❶ 玩儿三国游戏有什么好处？

a. ______

b. ______

❷ 阿伦会玩儿三国游戏吗？

______

❸ 阿伦需要带东西去小宋家吗？

______

59 我想去旅游

情境：一个人去旅行社询问机票信息。 59

1 选出正确的答案。

❶ 说话人想在什么时候去旅游？

☐ A. 暑假
B. 寒假
C. 新年

❷ 说话人打算去哪里旅游？

☐ A. 日本
B. 中国
C. 新西兰

❸ 说话人打算怎么去？

☐ A. 跟旅行团
B. 自己去
C. 跟父母去

❹ 说话人已经做好了哪些准备？

☐ A. 办好了签证
B. 办好了护照
C. 订好了机票

2 根据听到的内容填表。

❶ 去几个城市	
❷ 出发日期	
❸ 根据什么决定回来的时间	
❹ 一共旅行的时间	
❺ 坐什么去北京	
❻ 可以节约多少钱	

60 澳门蛋挞

情境：一名游客在澳门问路人关于蛋挞店的信息。 60

1 选出五个正确的叙述。

☐	A. 游客想知道澳门哪个店的蛋挞最好吃。
☐	B. 安德鲁是一位法国男人。
☐	C. 安德鲁是一个制药厂的总裁。
☐	D. 安德鲁爱上了玛嘉烈。
☐	E. 他们的饼店一开始就卖蛋挞。
	F. 为了玛嘉烈，安德鲁开始试验做蛋挞。
	G. 安德鲁不想跟大公司合作。
	H. 玛嘉烈为了钱把蛋挞配方卖给了 KFC。
	I. 两家饼店离得不远。

2 回答下面的问题。

❶ 安德鲁和玛嘉烈是什么关系？

已婚的

❷ 安德鲁是什么时候到澳门的？

❸ 安德鲁刚到澳门时做什么工作？

❹ 安德鲁做蛋挞试验了几次才成功？

第四部分　社会组织

61 世博会志愿者招募

情境：两个大学生在谈论怎么成为志愿者。

根据听到的内容填表。

zhì yuàn zhě zhāo mù xìn xī 志愿者招募信息	
❶ zhāo mù dān wèi 招募单位	shì bó huì ＿＿＿＿世博会
❷ xìn xī lái yuán 信息来源	shì bó huì 世博会＿＿＿＿
❸ nián líng 年龄	
❹ tè bié xū yào de yǔ zhǒng zhì shǎo liǎng zhǒng 特别需要的语种（至少两种）	
❺ bào míng fāng shì 报名方式	
❻ zhì yuàn zhě fú lì zhì shǎo liǎng zhǒng 志愿者福利（至少两种）	

62 我们可爱的学校

情境：十二年级的学生在给七年级新生介绍学校。 62

1 选出四个正确的叙述。

☐ ☐ ☐ ☐

xiào yuán de dà shuǐ chí li yǒu hěn duō wū guī
A. 校园的大水池里有很多乌龟。

xué shēng kě yǐ zài tíng zi li dú shū
B. 学生可以在亭子里读书。

jiào shì shì xué shēng zì jǐ bù zhì de
C. 教室是学生自己布置的。

yīn wèi dān xīn jiāo cuò tóng xué zhī jiān bù néng hù xiāng wèn wèn tí
D. 因为担心教错，同学之间不能互相问问题。

cān tīng zài kè jiān xiū xi shí bù kāi mén
E. 餐厅在课间休息时不开门。

shòu sī xū yào tí qián yù dìng cái néng chī dào
F. 寿司需要提前预订才能吃到。

cān tīng li kě yǐ chī dào pī sà
G. 餐厅里可以吃到披萨。

xué shēng mǎi wǔ fàn kě yǐ fù xiàn jīn
H. 学生买午饭可以付现金。

2 回答下面的问题。

cān tīng shí wù de jià gé zěn me yàng
❶ 餐厅食物的价格怎么样？

____

xīn shēng qù cān tīng yí dìng yào zhǔn bèi hǎo shén me
❷ 新生去餐厅一定要准备好什么？

____

63 我需要办一张图书证

情境：一个中国留学生打电话问他的好朋友怎么办图书证。

63

1 选出正确的答案。

❶ 今天星期几？
jīn tiān xīng qī jǐ

☐
A. 星期一 xīng qī yī
B. 星期六 xīng qī liù
C. 星期天 xīng qī tiān

❷ 皮特在图书馆做什么？
pí tè zài tú shū guǎn zuò shén me

☐
A. 做作业 zuò zuò yè
B. 看书 kàn shū
C. 借书 jiè shū

❸ 小刘办图书证需要带什么？
xiǎo liú bàn tú shū zhèng xū yào dài shén me

☐
A. 银行账单和身份证 yín háng zhàng dān hé shēn fèn zhèng
B. 护照和水电费账单 hù zhào hé shuǐ diàn fèi zhàng dān
C. 学生证和身份证 xué shēng zhèng hé shēn fèn zhèng

tú shū guǎn yào shuǐ diàn fèi zhàng dān shì xiǎng què rèn shén me
❹ 图书馆要水电费账单是想确认什么？

☐

míng zi
A. 名字

diàn huà
B. 电话

zhù zhǐ
C. 住址

2 回答下面的问题。

tú shū zhèng dōu kě yǐ yòng lái jiè nǎ xiē dōng xi
❶ 图书证都可以用来借哪些东西？

____

tú shū zhèng hái yǒu nǎ xiē yòng chù
❷ 图书证还有哪些用处？

a. ______________________________

b. ______________________________

tā men kě néng qù táng rén jiē chī shén me
❸ 他们可能去唐人街吃什么？

____

3 选出四个正确的叙述。

☐ ☐ ☐ ☐

xiǎo liú méi yǒu tú shū zhèng
A. 小刘没有图书证。

bàn tú shū zhèng bì xū yào dài hù zhào hé shuǐ diàn fèi zhàng dān
B. 办图书证必须要带护照和水电费账单。

pí tè bù xiǎng qù táng rén jiē
C. 皮特不想去唐人街。

pí tè yǐ jīng dào tú shū guǎn le
D. 皮特已经到图书馆了。

shuǐ diàn fèi zhàng dān kě néng bú huì xiě míng zhù zhǐ
E. 水电费账单可能不会写明住址。

tú shū zhèng zhǐ néng yòng lái jiè shū
F. 图书证只能用来借书。

tú shū zhèng zài xiào wài kě yǐ dāng shēn fèn zhèng shǐ yòng
G. 图书证在校外可以当身份证使用。

pí tè hé xiǎo liú wǎn shang kě néng huì kàn zhōng guó diàn yǐng
H. 皮特和小刘晚上可能会看中国电影。

xiǎo liú hé pí tè wǔ fàn dǎ suàn zhì
I. 小刘和皮特午饭打算AA制。

64 水果怎么卖

64

情境：一个顾客在水果店购买水果。

选出正确的答案。

gù kè mǎi le duō shao píng guǒ
❶ 顾客买了多少苹果？

☐

yì gōng jīn
A. 一公斤

bàn gōng jīn
B. 半公斤

yì gōng jīn bàn
C. 一公斤半

xī guā hé píng guǒ yí gòng duō shao qián
❷ 西瓜和苹果一共多少钱？

☐

yuán
A. 6.8 元

yuán
B. 23.8 元

yuán
C. 20 元

gù kè yòng shén me fù de kuǎn
❸ 顾客用什么付的款？

☐

xiàn jīn
A. 现金

wēi xìn sǎo mǎ
B. 微信扫码

xìn yòng kǎ
C. 信用卡

shéi ràng tā mǎi cǎo méi de
❹ 谁让他买草莓的?

☐ A. lǎo po 老婆
B. ér zi 儿子
C. nǚ ér 女儿

jīn tiān de cǎo méi zěn me yàng
❺ 今天的草莓怎么样?

☐ A. yì bān 一般
B. hěn xīn xiān 很新鲜
C. yǒu diǎnr xiǎo 有点儿小

tā mǎi le jǐ hé cǎo méi
❻ 他买了几盒草莓?

☐ A. yì hé 一盒
B. liǎng hé 两盒
C. sì hé 四盒

65 什么时候考试

情境：保罗正在问珍妮关于考试的问题。

65

1 选出正确的答案。

shén me shí hou jiāo wù lǐ zuò yè
❶ 什么时候交物理作业？

☐

xià ge xīng qī sān
A. 下个星期三

zhè ge xīng qī yī
B. 这个星期一

xià ge xīng qī yī
C. 下个星期一

zhēn nī zhè ge xīng qī kǎo le nǎ sān mén kè
❷ 珍妮这个星期考了哪三门课？

☐

yīngwén shù xué huà xué
A. 英文、数学、化学

yīngwén shù xué lì shǐ
B. 英文、数学、历史

dì lǐ měi shù yīn yuè
C. 地理、美术、音乐

lǎo shī wèi shén me gěi xué shēng kǎo shì
❸ 老师为什么给学生考试？

☐

xiǎng zhī dào xué shēng de chéng jì
A. 想知道学生的成绩

gěi xué shēng pái míng cì
B. 给学生排名次

xī wàng xué shēng hǎo hāor fù xí
C. 希望学生好好儿复习

bǎo luó kǎo shì qián xīn qíng zěn me yàng
❹ 保罗考试前心情怎么样？

☐ | jǐn zhāng
A. 紧张
kāi xīn
B. 开心
xīng fèn
C. 兴奋

zhēn nī měi cì kǎo shì kǎo de zěn me yàng
❺ 珍妮每次考试考得怎么样？

☐ | yōu xiù
A. 优秀
jí gé
B. 及格
bù jí gé
C. 不及格

2 选出四个正确的叙述。

☐
☐
☐
☐

wù lǐ zuò yè fēi cháng zhòng yào
A. 物理作业非常重要。
bǎo luó jué de kǎo shì lái de tài kuài le
B. 保罗觉得考试来得太快了。
zhēn nī zhè ge xīng qī měi tiān dōu yǒu kǎo shì
C. 珍妮这个星期每天都有考试。
lǎo shī lì yòng kǎo shì jiǎn yàn xué shēng xué de zěn me yàng
D. 老师利用考试检验学生学得怎么样。
bǎo luó kǎo shì qián shuì bu zháo jiào
E. 保罗考试前睡不着觉。
zhēn nī měi cì kǎo shì dōu bù jí gé
F. 珍妮每次考试都不及格。
zhēn nī kǎo shì shí hěn zhuān xīn
G. 珍妮考试时很专心。
zhēn nī yào xiàng bǎo luó xué xí zěn me fàng sōng
H. 珍妮要向保罗学习怎么放松。

66 小丽新买了苹果电脑

情境：两个好朋友在谈论苹果电脑。

66

1 根据听到的内容填表。

píng guǒ diàn nǎo gēn qí tā diàn nǎo de qū bié 苹果电脑跟其他电脑的区别	
❶ huà tú gōng néng 画图功能	
❷ duō méi tǐ gōng néng 多媒体功能	
❸ ān quán xìng 安全性	
❹ jià gé 价格	
❺ zhì liàng 质量	
❻ chōng diàn qì 充电器	
❼ diàn nǎo xì tǒng 电脑系统	

2 选出正确的答案。

xiǎo lì yuán lái de diàn nǎo sòng gěi shéi le
小丽原来的电脑送给谁了？

☐

A. dì di 弟弟

B. táng dì 堂弟

C. gē ge 哥哥

67 毕业以后的打算

情境：中文课上，两个学生在谈论毕业以后做什么。 67

1 根据听到的内容在表格里打勾（√）。

xiǎng fǎ 想法	pí tè 皮特	mǎ lì 玛丽	mǎ lì de bà ba 玛丽的爸爸
❶ xǐ huan chī hǎo chī de dōng xi 喜欢吃好吃的东西			
❷ xiǎng dào shì jiè gè guó kàn kan 想到世界各国看看			
❸ zhǎo zì jǐ xǐ huan de gōng zuò hěn zhòng yào 找自己喜欢的工作很重要			
❹ xǐ huan xué xí bù tóng guó jiā de wén huà 喜欢学习不同国家的文化			

2 回答下面的问题。

❶ dāng chú shī kě yǐ pǐn cháng shén me
当厨师可以品尝什么？

____

❷ dāng chú shī kě yǐ chuàng zào shén me
当厨师可以创造什么？

____

❸ pí tè jué de dāng kōng jiě zěn me yàng
皮特觉得当空姐怎么样？

____

68 欢迎新邻居

情境：新邻居刚搬来，旁边的邻居过来欢迎他们。 68

1 选出正确的答案。

lín jū sòng lái le shén me
❶ 邻居送来了什么？

☐
A. 花 (huā)
B. 蛋糕 (dàngāo)
C. 家电 (jiā diàn)

xīn lín jū shì cóng nǎ li bān guò lai de
❷ 新邻居是从哪里搬过来的？

☐
A. 市东边 (shì dōngbian)
B. 市西边 (shì xī bian)
C. 市北边 (shì běi bian)

bān jiā de yuán yīn shì shén me
❸ 搬家的原因是什么？

☐
A. 让孩子上好学校 (ràng hái zi shàng hǎo xué xiào)
B. 不喜欢原来的地方 (bù xǐ huan yuán lái de dì fang)
C. 需要大一点儿的房子 (xū yào dà yì diǎnr de fáng zi)

fáng zi hòu bian yǒu shén me gōng gòng shè shī
❹ 房子后边有什么公共设施？

☐
chāo shì
A. 超市
chāo shì hé yín háng
B. 超市和银行
chāo shì hé diàn yǐng yuàn
C. 超市和电影院

zǒu lù qù chāo shì xū yào duō cháng shí jiān
❺ 走路去超市需要多长时间？

☐
shí wǔ fēn zhōng
A. 十五分钟
shí fēn zhōng
B. 十分钟
wǔ fēn zhōng
C. 五分钟

2 回答下面的问题。

cài chǎng lí xīn jiā duō yuǎn
❶ 菜场离新家多远？

____

shuō huà rén xū bu xū yào xīn lín jū bāng máng zài chāo shì mǎi dōng xi
❷ 说话人需不需要新邻居帮忙在超市买东西？

____

69 社区托管服务

情境：社区服务站正在介绍托管服务。

69

1 选出正确的答案。

shè qū fú wù zhàn wèi nǎ xiē rén tí gōng tuō guǎn fú wù
❶ 社区服务站为哪些人提供托管服务？

☐
- A. 老师 (lǎo shī)
- B. 商人 (shāng rén)
- C. 家长 (jiā zhǎng)

xué shēng zài tuō guǎn chù yù dào wèn tí le zěn me bàn
❷ 学生在托管处遇到问题了怎么办？

☐
- A. 回家后问家长 (huí jiā hòu wèn jiā zhǎng)
- B. 问专门的老师 (wèn zhuān mén de lǎo shī)
- C. 自己解决 (zì jǐ jiě jué)

shè qū fú wù zhàn yǒu shén me
❸ 社区服务站有什么？

☐
- A. 小卖部 (xiǎo mài bù)
- B. 自动售卖机 (zì dòng shòu mài jī)
- C. 食堂 (shí táng)

fú wù zhōng xīn zuì chí jǐ diǎn guān mén
❹ 服务中心最迟几点关门？

☐

wǎnshang shí diǎn
A. 晚上十点

wǎn shang jiǔ diǎn
B. 晚上九点

wǎn shang shí diǎn bàn
C. 晚上十点半

tuō guǎn fú wù yí ge yuè duō shao qián
❺ 托管服务一个月多少钱？

☐

yì qiān sān bǎi yuán
A. 一千三百元

yì qiān wǔ bǎi yuán
B. 一千五百元

yì qiān jiǔ bǎi yuán
C. 一千九百元

rú guǒ xiǎng bào míng tuō guǎn zěn me zuò
❻ 如果想报名托管，怎么做？

☐

zhí jiē qù fú wù zhàn
A. 直接去服务站

dǎ diàn huà
B. 打电话

fā yóu jiàn
C. 发邮件

zhè shì yì piān shén me wén tǐ de wén zhāng
❼ 这是一篇什么文体的文章？

☐

tōng zhī
A. 通知

rì jì
B. 日记

shū xìn
C. 书信

2 选出四个正确的叙述。

☐ ☐ ☐ ☐

shè qū fú wù zhàn de tuō guǎn fú wù shì xīn zēng de xiàng mù
A. 社区服务站的托管服务是新增的项目。

tuō guǎn fú wù miàn xiàng xiǎo qū suǒ yǒu jū mín
B. 托管服务面向小区所有居民。

tuō guǎn fú wù pèi bèi le lǎo shī
C. 托管服务配备了老师。

lǎo shī zhǐ zhào gù xué shēng de ān quán
D. 老师只照顾学生的安全。

rú guǒ yǒu shì bù néng zhǔn shí jiē hái zi hái zi yǒu dì fang chī fàn
E. 如果有事不能准时接孩子，孩子有地方吃饭。

fú wù zhōng xīn guān mén hòu lǎo shī kě yǐ bǎ méi bèi jiē zǒu de hái zi dài huí zì jǐ jiā
F. 服务中心关门后，老师可以把没被接走的孩子带回自己家。

tuō guǎn fú wù shì shōu fèi de
G. 托管服务是收费的。

xiǎng bào míng tuō guǎn fú wù bì xū xiān pái duì
H. 想报名托管服务必须先排队。

70 我的游学经历

情境：王同学在介绍自己的中国游学经历。

70

1 选出正确的答案。

wáng xiǎo tóng jīn nián shàng jǐ nián jí
❶ 王小同今年上几年级？

☐
A. shí yī nián jí 十一年级
B. jiǔ nián jí 九年级
C. shí nián jí 十年级

tā zài zuò wén zhēng wén bǐ sài zhōng dé le dì jǐ míng
❷ 他在作文征文比赛中得了第几名？

☐
A. dì yī míng 第一名
B. dì èr míng 第二名
C. dì sān míng 第三名

tā shì zěn yàng cān jiā de shàng hǎi háng zhōu yóu xué tuán
❸ 他是怎样参加的上海—杭州游学团？

☐
A. zì jǐ bào de míng 自己报的名
B. bèi yāo qǐng de 被邀请的
C. xué xiào bāng tā bào de míng 学校帮他报的名

zhè shì yì piān shén me wén tǐ de wén zhāng
❹ 这是一篇什么文体的文章？

☐

cǎi fǎng gǎo
A. 采访稿

yǎn jiǎng
B. 演讲

shū xìn
C. 书信

2 回答下面的问题。

cān jiā yóu xué tuán tā zuò le xiē shén me
❶ 参加游学团，他做了些什么？

a. ____________________

b. ____________________

zhè cì yóu xué gěi tā dài lái le shén me qǐ fā
❷ 这次游学给他带来了什么启发？

a. ____________________

b. ____________________

3 根据听到的内容填表。

zhōng guó xué shēng de zhōng xué shēng huó 中国学生的中学生活	
zǎo shang dào xiào shí jiān ❶ 早上到校时间	
fàng xué shí jiān ❷ 放学时间	
kè wài huó dòng ❸ 课外活动	
wán chéng zuò yè de dì diǎn ❹ 完成作业的地点	
xué shēng de mù biāo ❺ 学生的目标	

71 开业大吉

情境：商店新开张，正在播放促销广播。

选出正确的答案。

jīn tiān shì shāng diàn yíng yè de nǎ yì tiān
❶ 今天是商店营业的哪一天？

☐

dì yī tiān
A. 第一天

dì èr tiān
B. 第二天

dì sān tiān
C. 第三天

rú guǒ nǐ mǎi le wǔ bǎi kuài yǐ shàng de shāng pǐn, kě yǐ xiǎng shòu shén me yōu huì
❷ 如果你买了五百块以上的商品，可以享受什么优惠？

☐

sòng gòu wù kǎ
A. 送购物卡

miǎn fèi sòng huò fú wù
B. 免费送货服务

zài dǎ qī zhé
C. 再打七折

suǒ yǒu de gù kè dōu kě yǐ xiǎng shòu de yōu huì shì shén me
❸ 所有的顾客都可以享受的优惠是什么？

☐

lǐng qǔ lǐ wù
A. 领取礼物

lǐng qǔ shí pǐn lǐ bāo
B. 领取食品礼包

yì píng xǐ fà yè
C. 一瓶洗发液

xū yào ná shén me dào fú wù tái cái néng dé dào yōu huì
❹ 需要拿什么到服务台才能得到优惠？

☐ gòu mǎi de shāng pǐn
A. 购买的商品

gòu wù shōu jù
B. 购物收据

huì yuán kǎ
C. 会员卡

jīn tiān de xǐ fà yè rú guǒ shí kuài qián yì píng nǐ kě yǐ jǐ kuài qián mǎi huí qù
❺ 今天的洗发液如果十块钱一瓶，你可以几块钱买回去？

☐ bā kuài
A. 八块

liù kuài
B. 六块

wǔ kuài
C. 五块

shén me dōng xi dǎ liǎng zhé
❻ 什么东西打两折？

☐ yǔ sǎn
A. 雨伞

fú zhuāng
B. 服装

wán jù
C. 玩具

72 梅梅家怎么走

情境：冬冬要到梅梅家去玩儿。

选出四个正确的叙述。

□ □ □ □

A. 冬冬先坐的公共汽车，然后走路去梅梅家。
(dōng dong xiān zuò de gōng gòng qì chē, rán hòu zǒu lù qù méi mei jiā)

B. 冬冬知道怎么去梅梅家。
(dōng dong zhī dào zěn me qù méi mei jiā)

C. 冬冬可以看到中国银行和家乐福。
(dōng dong kě yǐ kàn dào zhōng guó yín háng hé jiā lè fú)

D. 梅梅家在广州酒家的对面。
(méi mei jiā zài guǎng zhōu jiǔ jiā de duì miàn)

E. 从红绿灯走到梅梅的小区要花十分钟。
(cóng hóng lǜ dēng zǒu dào méi mei de xiǎo qū yào huā shí fēn zhōng)

F. 从红绿灯左转后，一直走就可以到明月小区。
(cóng hóng lǜ dēng zuǒ zhuǎn hòu, yì zhí zǒu jiù kě yǐ dào míng yuè xiǎo qū)

G. 梅梅在明月小区门口等冬冬。
(méi mei zài míng yuè xiǎo qū mén kǒu děng dōng dong)

H. 冬冬迷路了，所以没有找到梅梅家。
(dōng dong mí lù le, suǒ yǐ méi yǒu zhǎo dào méi mei jiā)

73 姐姐，你去帮我开家长会吧

情境：弟弟请求姐姐去参加他的家长会。

1 回答下面的问题。

dì di jīn tiān shén me shí hou yǒu jiā zhǎng huì
❶ 弟弟今天什么时候有家长会？

bà ba mā ma de yīng wén zěn me yàng
❷ 爸爸妈妈的英文怎么样？

rú guǒ bà ba mā ma qù kāi jiā zhǎng huì jiě jie dǎ suàn gěi tā men dāng shén me
❸ 如果爸爸妈妈去开家长会，姐姐打算给他们当什么？

2 选出正确的答案。

dì di de huà xué kǎo de zěn me yàng
❶ 弟弟的化学考得怎么样？

bù hǎo
A. 不好

jí gé
B. 及格

yōu xiù
C. 优秀

dì di de huà xué lǎo shī zěn me yàng
❷ 弟弟的化学老师怎么样？

yǒu qù
A. 有趣

wú liáo
B. 无聊

yán gé
C. 严格

jiě jie dā ying qù bāng dì di kāi jiā zhǎng huì le ma
❸ 姐姐答应去帮弟弟开家长会了吗？

☐ A. 答应了（dā ying le）

B. 没答应（méi dā ying）

C. 还没有决定（hái méi yǒu jué dìng）

74 这里不能停车

情境：小王停车停错了地方，警察来找他。

74

1 选出正确的答案。

xiǎo wáng bǎ chē tíng zài le nǎ li
❶ 小王把车停在了哪里？

☐ A. 街边（jiē biān）

B. 公园旁（gōng yuán páng）

C. 停车场（tíng chē chǎng）

biāo zhì shang shuō shén me
❷ 标志上说什么？

☐ A. 停两小时（tíng liǎng xiǎo shí）

B. 停一小时（tíng yì xiǎo shí）

C. 禁止停车（jìn zhǐ tíng chē）

jǐng chá yào zuò shén me
❸ 警察要做什么？

☐ A. jǐng gào 警告
B. chá jià zhào 查驾照
C. fá kuǎn 罚款

xiǎo wáng bǎ chē tíng zài nà li duō cháng shí jiān le
❹ 小王把车停在那里多长时间了？

☐ A. yí ge duō xiǎo shí 一个多小时
B. liǎng ge duō xiǎo shí 两个多小时
C. sān ge duō xiǎo shí 三个多小时

páng biān tíng de chē shì shén me rén yòng de
❺ 旁边停的车是什么人用的？

☐ A. cán jí rén 残疾人
B. máng rén 盲人
C. lóng yǎ rén 聋哑人

xiǎo wáng duì jǐng chá de tài dù zěn me yàng
❻ 小王对警察的态度怎么样？

☐ A. hěn xiōng 很凶
B. hěn rè qíng 很热情
C. hěn hǎo 很好

xiǎo wáng shì nǎ li rén
❼ 小王是哪里人？

☐ A. xīn yí mín 新移民
B. běn dì rén 本地人
C. wài guó rén 外国人

zuì hòu xiǎo wáng xū yào zěn me jiāo fá kuǎn
❽ 最后小王需要怎么交罚款？

☐

gěi xiàn jīn
A. 给现金

shuā xìn yòng kǎ
B. 刷信用卡

qù biàn lì diàn jiāo qián
C. 去便利店交钱

2 回答下面的问题。

jǐng chá yào fá xiǎo wáng duō shao qián
❶ 警察要罚小王多少钱？

______

zhè shì xiǎo wáng dì jǐ cì tíng zài nà li
❷ 这是小王第几次停在那里？

______

xiǎo wáng lái zhè li duō jiǔ le
❸ 小王来这里多久了？

______

xiǎo wáng zuì hòu bèi fá le duō shao qián
❹ 小王最后被罚了多少钱？

______

75 去花园做义工

75

情境：阿伟跟李天谈论他妈妈当义工学英文的经历。

回答下面的问题。

lǐ tiān hé jiā rén yí mín dào le nǎ ge guó jiā
❶ 李天和家人移民到了哪个国家？

lǐ tiān de mā ma měi tiān xīn qíng zěn me yàng
❷ 李天的妈妈每天心情怎么样？

ā wěi de mā ma qù de huā yuán zài nǎ li
❸ 阿伟的妈妈去的花园在哪里？

ā wěi de mā ma shén me shí hou qù huā yuán zuò yì gōng
❹ 阿伟的妈妈什么时候去花园做义工？

ā wěi de mā ma zài huā yuán gōng zuò yǒu shén me hǎo chù
❺ 阿伟的妈妈在花园工作有什么好处？

a.

b.

rú guǒ xiǎng qù huā yuán zuò yì gōng xū yào xiān zuò shén me
❻ 如果想去花园做义工，需要先做什么？

míng tiān ā wěi de mā ma qù huā yuán gōng zuò qián xū yào xiān zuò shén me
❼ 明天阿伟的妈妈去花园工作前，需要先做什么？

76 公园马上要关门了

情境：广播通知公园快关门了。

76

选出正确的答案。

❶ 这个广播是通知谁的？

☐ A. 保安
B. 管理处
C. 游客

❷ 现在什么时间了？

☐ A. 早上
B. 下午
C. 晚上

❸ 公园几点关门？

☐ A. 十点
B. 十点十五
C. 十点半

❹ 公园现在哪个门还没有关？

☐ A. 东门
B. 西门
C. 北门

5 如果在公园迷路了，要怎么做？

☐ A. 打电话
B. 找保安
C. 问路人

77 你暑假去哪儿打工

77

情境：两个学生在谈论暑假打工的事情。

1 选出正确的答案。

1 小张假期去哪里摘苹果？

☐ A. 亲戚家
B. 农场
C. 菜园

2 小张觉得去摘苹果有什么好处？

☐ A. 是提高英语的好机会
B. 能在新西兰旅游
C. 可以多挣点儿钱

❸ 小张的签证是什么签证？

□

A. 工作签证

B. 探亲签证

C. 留学签证

❹ 小张的打工时间有什么限制？

□

A. 假期每周不能超过十八个小时

B. 假期每周不能超过三十个小时

C. 平时每周不能超过三十个小时

2 选出四个正确的叙述。

□ □ □ □

A. 小杨在茶馆工作。

B. 小杨可以不去抽烟区服务。

C. 小杨闻到烟味儿以后，可能会生病。

D. 小张想让小杨和他一起去打工。

E. 小杨不喜欢晒太阳。

F. 小杨得了皮肤癌。

G. 小杨暑假回中国。

H. 小杨不想继续打工了。

78 打车去看双子塔

情境：吉隆坡酒店门口，一个人上了出租车。

78

1 选出正确的答案。

❶ “师傅”是什么意思？

☐ A. 老师
B. 司机
C. 叔叔

❷ 打车去双子塔，如果堵车，需要多久？

☐ A. 不确定
B. 三十分钟
C. 四十分钟

❸ 游客想在几点回到酒店？

☐ A. 三点前
B. 三点半前
C. 四点前

❹ 游客以前来过吉隆坡吗？

☐ A. 没来过
B. 来过
C. 没有提到

❺ 有什么方法可以让游客快点儿到双子塔？

☐ A. 坐地铁
B. 走高速
C. 搭公共汽车

❻ 为什么从双子塔不能准时回来？

☐ A. 很难打到出租车
B. 运气不好
C. 时间不能确定

❼ 师傅的建议是什么？

☐ A. 自己在那里等游客
B. 让游客不要去
C. 让游客去其他景点看看

2 选出三个正确的叙述。

☐ ☐ ☐

A. 师傅不知道到双子塔要多长时间。
B. 游客以前没来过吉隆坡。
C. 游客是来这里开会，顺便参观双子塔。
D. 想要最快到达双子塔，需要坐地铁。
E. 师傅会在停车场等游客十分钟，然后再把他送回酒店。
F. 游客远远地就看见了双子塔。

79 你想学哪个专业

情境：两个十二年级的学生在谈论明天去做什么。 79

1 选出正确的答案。

❶ 明天是伦敦大学的什么日子？

□ A. 建校日
B. 义卖日
C. 开放日

❷ 麦克想咨询什么专业的课程？

□ A. 会计
B. 环保
C. 数学

❸ 凯西想了解环保专业的什么？

□ A. 课程
B. 地点
C. 录取分数线

❹ 凯西为什么想学环保专业？

□ A. 为环境保护做一些贡献
B. 觉得好玩儿
C. 容易找工作

❺ 麦克感兴趣的工作会被什么所取代？

- ☐ A. 机器人
- ☐ B. 程序员
- ☐ C. 电脑

❻ 明天他们打算怎么去伦敦大学？

- ☐ A. 坐火车
- ☐ B. 坐地铁
- ☐ C. 坐电车

2 选出三个正确的叙述。

- ☐ A. 明天是伦敦大学的义卖日。
- ☐ B. 麦克想了解人工智能专业。
- ☐ C. 凯西意识到环境污染问题严重，需要解决。
- ☐ D. 麦克从小就对数学感兴趣。
- ☐ E. 人工智能对会计工作有影响。
- ☐ F. 会计毕业的学生很容易就能找到工作。

80 面试

情境：一个女学生去参加暑期工作的面试。

80

1 选出正确的答案。

❶ 女生什么时候接到面试通知的？

□ A. 今天
B. 昨天
C. 前天

❷ 公司是怎么通知她面试的？

□ A. 打电话
B. 发快递
C. 发电邮

❸ 面试时间是几点？

□ A. 上午八点
B. 上午十点
C. 下午四点

❹ 她面试的职位是什么？

□ A. 经理
B. 服务员
C. 秘书

2 根据听到的内容填空。

❶ 女生申请这个工作的原因：

a. 学校 ______

b. 为公司 服务

❷ 女生的专长是：

a. 中文和英文

b. ______

❸ 女生的缺点是：

______

3 根据听到的内容回答问题。

❶ 女生对工作时间是怎么看的？

______

❷ 女生问了经理什么问题？

什么时候可以上班。

❸ 女生什么时候可以知道结果？

下个星期四

❹ 如果得到了这个工作，女生什么时候开始上班？

______

第五部分　共享地球

81 海边环保行动

情境：午饭时间，学校在播放通知。 81

1 根据听到的内容填表。

tōng zhī 通 知	
❶ zhào jí dān wèi 召集单位	
❷ huó dòng shí jiān 活动时间	
❸ huó dòng dì diǎn 活动地点	大美________
❹ huó dòng nèi róng 活动内容	
❺ cān jiā rén yuán 参加人员	
❻ jí hé shí jiān 集合时间	
❼ jí hé dì diǎn 集合地点	
❽ bì dài wù pǐn 必带物品	
❾ jié shù shí jiān 结束时间	
❿ huí xué xiào de jiāo tōng gōng jù 回学校的交通 工具	

2 选出三个正确的叙述。

☐ ☐ ☐

xuéxiào tōng zhī xīng qī liù qù gōng yuán jiǎn lā jī
A. 学校通知星期六去公园捡垃圾。

cān jiā huó dòng de rén kě yǐ shì bà ba
B. 参加活动的人可以是爸爸。

cān jiā de rén xū yào zì jǐ dài chī de tā men bù tí gōng chī de hé hē de
C. 参加的人需要自己带吃的，他们不提供吃的和喝的。

tiān qì hěn rè de huà kě néng huì yǒu rén zhòng shǔ
D. 天气很热的话，可能会有人中暑。

huódòng sì diǎn zhōng jié shù
E. 活动四点钟结束。

cān jiā de rén bì xū xiān huí xué xiào
F. 参加的人必须先回学校。

82 水费和电费都很贵

82

情境：外边传来了敲门声。

1 选出正确的答案。

shéi zài qiāo mén
❶ 谁在敲门？

☐

guǎn lǐ chù zhí yuán
A. 管理处职员

chá shuǐ biǎo de zhí yuán
B. 查水表的职员

chá hù kǒu de jǐngchá
C. 查户口的警察

tā jìn mén hòu xiǎng xiān zuò shén me
❷ 他进门后想先做什么？

☐

qù chú fáng
A. 去厨房

huàn xié
B. 换鞋

xǐ shǒu
C. 洗手

zhè ge yuè de yòng shuǐ hé shàng ge yuè de bǐ yǒu shén me qū bié
❸ 这个月的用水和上个月的比有什么区别？

☐

shǎo le
A. 少了

chà bu duō
B. 差不多

duō le hěn duō
C. 多了很多

2 回答下面的问题。

zhè ge yuè de shuǐ yòng zài le shén me dì fang
❶ 这个月的水用在了什么地方？

a. ____________________

b. ____________________

wèi shén me zhǔ rén xū yào dǎ diàn huà gěi guǎn lǐ chù
❷ 为什么主人需要打电话给管理处？

____

zhè ge yuè de diàn fèi hé shàng ge yuè de bǐ zěn me yàng
❸ 这个月的电费和上个月的比怎么样？

____

shuǐ fèi hé diàn fèi wèi shén me guì le
❹ 水费和电费为什么贵了？

____

jié yuē yòng shuǐ yòng diàn de hǎo chù shì shén me
❺ 节约用水、用电的好处是什么？

a. ____________________

b. ____________________

83 三八妇女节

情境：两个十二年级的学生在谈论三八妇女节。

83

1 选出正确的答案。

shàng kè de shí hou lǎo shī hé tā men tǎo lùn le shén me wèn tí
❶ 上课的时候，老师和他们讨论了什么问题？

☐
A. sān bā fù nǚ jié shì zěn me chǎnshēng de 三八妇女节是怎么产生的
B. huán jìng wū rǎn 环境污染
C. nán nǚ píng děng 男女平等

shén me shí hou fù nǚ kāi shǐ yāo qiú píngděng de quán lì
❷ 什么时候妇女开始要求平等的权利？

☐
A. èr shí shì jì chū qī 二十世纪初期
B. èr shí shì jì zhōng qī 二十世纪中期
C. èr shí yī shì jì chū qī 二十一世纪初期

nián de niǔ yuē fù nǚ yóuxíng yǒu duōshao rén cān jiā
❸ 1908 年的纽约妇女游行有多少人参加？

☐
A. 1,500 rén 人
B. 15,000 rén 人
C. 150,000 rén 人

tā men yóu xíng de mù dì yǒu jǐ ge
❹ 她们游行的目的有几个？

□

sì ge
A. 四个

sān ge
B. 三个

liǎng ge
C. 两个

2 根据听到的内容填空。

kāi shǐ de shí hou sān bá fù nǚ jié méi yǒu de rì zi
❶ 开始的时候，三八妇女节没有________的日子。

fā shēng zài hé de nǚ quán yùn dòng cù jìn le
❷ 发生在________和________的女权运动促进了

sān bá fù nǚ jié de dàn shēng
三八妇女节的诞生。

zhōng guó zhèng fǔ zài nián bǎ sān yuè bā rì dìng wéi fǎ dìng jié rì
❸ 中国政府在________年把三月八日定为法定节日。

zài zhōng guó sān yuè bā rì nà tiān fù nǚ zhǐ xū yào shàng bān
❹ 在中国，三月八日那天，妇女只需要上________班。

3 根据听到的内容回答问题。

bǐ dé shì zěn me kàn dài xiàn zài de nán nǚ píng děng wèn tí de
❶ 彼得是怎么看待现在的男女平等问题的？

____

mǎ lì shì zěn me kàn dài nán nǚ píng děng wèn tí de
❷ 玛丽是怎么看待男女平等问题的？

____

bǐ dé zuì hòu xī wàng shén me
❸ 彼得最后希望什么？

____

84 东京奥运会

情境：保罗和安娜在谈论东京奥运会。

84

选出正确的答案。

❶ 东京奥运会什么时候举行？

A. 2022 年
B. 2021 年
C. 2020 年

❷ 东京奥运会的比赛项目大约有多少个？

A. 三百二十四
B. 两百二十四
C. 三百一十五

❸ 这届奥运会和上一届的项目有什么区别？

A. 多了一百多个项目
B. 少了几十个项目
C. 多了几十个项目

❹ 保罗想在奥运会做什么？

A. 志愿者
B. 工作人员
C. 领队

❺ 除了中文以外，保罗还会说几种语言？

☐ A. 一种
B. 两种
C. 三种

❻ 保罗为什么对东京非常熟悉？

☐ A. 在那里工作过
B. 在那里留过学
C. 在那里做过导游

❼ 以下项目中，哪个项目中国队经常得金牌？

☐ A. 乒乓球
B. 网球
C. 滑冰

85 今年的气候不太正常

情境：两个朋友在谈论气候变化的问题。

85

1 回答下面的问题。

❶ 今年冬天的气候怎么样？

❷ 今年夏天最高气温超过了多少度？

---

❸ 花草树木都快死了的原因是什么？

---

2 选出正确的答案。

❶ 现在超市不免费提供什么？

☐ A. 塑料袋
B. 包装盒
C. 送货服务

❷ 现在海洋里的鱼为什么会饿死？

☐ A. 没有找到吃的
B. 塑料缠住了嘴巴
C. 鱼越来越少

❸ 他们要好好儿学习什么知识？

☐ A. 地球
B. 生态
C. 环保

86 慈善义卖会

情境：主持人在向大家介绍义卖会。

86

1 回答下面的问题。

❶ 学校的慈善义卖会多久举办一次？

❷ 今年的义卖会为哪里筹集善款？

❸ 善款会用在哪里？

❹ 谁准备了这次义卖会活动？

2 选出正确的答案。

❶ 你在教学大楼的哪边可以买到食物？

A. 东边

B. 西边

C. 北边

❷ 服装区的衣服是什么样的？

A. 全部是新的

B. 一部分是二手的

C. 全部是二手的

❸ 游乐区在哪里？

☐ A. 操场
B. 篮球场
C. 网球场

❹ 游乐区的活动花多少钱就可以玩儿？

☐ A. 三块
B. 四块
C. 五块

❺ 如果你捐了图书，书会被怎么处理？

☐ A. 送到泰国的小学图书馆
B. 当作二手书卖掉换钱
C. 送给没有书的学生

❻ 哪个区域是孩子们最喜欢逛的地方？

☐ A. 服装区
B. 美容体验区
C. 玩乐区

❼ 义卖会的目标是筹得多少善款？

☐ A. 一万八千块
B. 三万块
C. 五万块

3 选出四个正确的叙述。

☐ A. 慈善义卖会每年举行两次。
☐ B. 这次义卖会的钱会捐给泰国的贫困小学。
☐ C. 学校为义卖会制作了各国美食、小吃。
☐ D. 学生只能把自己不穿的新衣服捐出去。
E. 游乐区可以免费玩儿滑梯。。
F. 捐的图书会送给泰国小朋友。
G. 孩子们想更漂亮，可以去美容体验区。
H. 到目前为止，捐款还没有达到预期的金额。

87 节约能源，从我做起

情境：一位能源专家在电台谈节约能源的办法。 87

1 选出正确的答案。

❶ 什么是我们日常生活中不可缺少的能源？

☐ A. 煤炭和石油
B. 水和电
C. 森林和河流

❷ 把什么打开增加室内的明亮度，可以不用开灯？

☐ A. 窗户
B. 窗帘
C. 房门

❸ 什么时候把电源全部关掉，可以节省用电？

☐ A. 在家时
B. 睡觉时
C. 出门时

❹ 洗完衣服后，怎样做可以不用烘干机？

☐ A. 利用风和阳光
B. 利用电风扇
C. 利用加热器

❺ 开空调最好开到多少度比较省电？

☐ A. 二十三度左右
B. 二十六度左右
C. 二十七度左右

❻ 为了节约用水，洗米水可以用来做什么？

☐ A. 洗脸
B. 洗厕所
C. 洗碗

❼ 洗水果的水可以用来做什么？

☐ | A. 浇花
B. 洗衣服
C. 拖地

2 根据听到的内容填空。

如果我们希望大自然变得更美好，可以呼吸到________的空气，想听到虫鸣鸟叫声，一定要做到________资源。

88 学区房

情境：一位新加坡家长在和房产中介谈论学区房。 88

回答下面的问题。

❶ 王太太和房产中介约好做什么？

____

❷ 王太太为什么对这个区的房子感兴趣？

a. ____________________

b. ____________________

❸ 两房一厅每月的租金是多少？

____

❹ 这个区的房价涨了很多，原因是什么？

a. ______________________________

b. ______________________________

❺ 李明在这个区有几套房子可以出租？

____

❻ 这套房子的主人为什么搬走了？

____

❼ 王太太去李明的公司后，会谈什么？

____

❽ 这套房子的房东是哪国人？

____

89 种族和谐日

情境：新加坡《学生报》的记者正在采访一名学生。 89

1 根据听到的内容填表。

种族和谐日采访			
❶ 采访日期		❹ 种族和谐日开始年份	
❷ 受访者名字		❺ 死亡人数	
❸ 受访者国籍		❻ 受伤人数	

2 回答下面的问题。

❶ 设定种族和谐日的目的是什么？

____

❷ 种族和谐日这天，学校会做什么？

a. ______________________________

b. ______________________________

❸ 学生们对自己穿的衣服有什么感觉？

____

3 选出正确的答案。

❶ 除了穿传统服装，学校还准备了什么活动？

☐
A. 传统游戏
B. 电子游戏
C. 唱歌比赛

❷ 学校做这些活动的目的是什么？

☐
A. 慈善募捐
B. 庆祝新年
C. 让学生了解不同的文化

❸ 受访者今天穿的衣服是哪个国家的服装？

☐
A. 印度尼西亚
B. 印度
C. 马来西亚

90 进城打工

情境：上海某电台的记者在采访一名打工者。 90

1 选出正确的答案。

❶ 受访者来上海前住在哪里？

A. 江苏
B. 江西
C. 浙江

❷ 以下哪个不是受访者来上海的目的？

A. 找工作
B. 挣钱
C. 旅游

❸ 受访者来到上海后没有做过什么工作？

A. 保安
B. 导游
C. 服务员

❹ 受访者现在住在哪里？

A. 朋友家
B. 酒店
C. 公司

2 选出三个正确的叙述。

☐ ☐ ☐

A. 城市的房子太贵了。

B. 受访者不着急，所以不用找房子。

C. 城市生活太紧张了。

D. 受访者喜欢农村，所以很快就会回去。

E. 受访者来上海后病了好几次。

F. 记者给受访者提供了朋友的合租电话。

3 回答下面的问题。

❶ 受访者会回农村去吗？为什么？

____

❷ 关于找房子，记者告诉了受访者什么信息？

____

❸ 记者对受访者来城市打工是怎么看的？

____

附录　录音文本及参考答案

录音文本

第一部分　身份认同

1 大江的电话留言

情境：大江给朋友打电话，让他来拿东西。

小平，你好！我是大江。现在是九月六号上午十一点，我今天刚坐飞机从纽约到北京，现在住在北京饭店808号房间，电话是87043092。你的朋友张杰托我给你带了两盒巧克力和一瓶红酒。请尽快打电话和我联系。咱们要早点儿见面，因为我在北京只待两天，后天我就去广州了。如果你来不了，请把地址告诉我，我快递给你也可以。再见！

2 王老师病了

情境：王老师生病了，给校长打电话请假。

李校长，您好！我今天一起床就觉得不太舒服，一量体温，38度，应该是感冒发烧了。等一会儿吃完早饭我得去医院看病，所以今天不能上班了。我今天有四节科学课，需要学生完成的作业我等一下发电邮给您，麻烦您转给代课老师。谢谢！希望明天能好一点儿，如果不行，我再给您打电话。再见！

3 我家的快餐店

情境：一个新西兰孩子向寄宿交换生介绍他家的快餐店。

在新西兰和澳洲，炸鱼和炸薯条是非常受欢迎的食物，我们家就开了一间鱼薯快餐店。店不是很大，但是食物的味道很好，所以客人特别多。

鱼薯店在市中心火车站的购物中心，左边是一家日本餐馆，右边是一家韩国餐馆。我们每天早上六点半就开门了，晚上八点半关门。关门后还要打扫卫生，清点一天的收入，有时还要整理一下存货，非常辛苦。

鱼薯店里除了爸爸、妈妈和我以外，还有两个当地女孩帮忙。我们除了卖鱼、薯条和汉堡包以外，还卖中国的炒饭和炒面，当然还有咖啡和其他饮料。虽然旁边有两个亚洲餐馆，但是我们的客人非常多，午饭的时候，经常需要排队，不过大家愿意排队。我猜是因为我们的炸鱼太好吃了。如果有机会，请你一定也来尝尝。

4 学做中国菜

情境：美食节目正在教观众做中国菜。

各位观众大家好！今天我来教大家做一道中国菜，这道菜在中国虽然非常普通，但是非常流行。最主要的是，它的做法特别简单。这道菜叫西红柿炒鸡蛋。

我们需要的原料有：鸡蛋两个，西红柿一个，大蒜三瓣，盐和糖少许。接下来请大家看好步骤：

首先是准备工作。先把鸡蛋打入碗中，用筷子搅拌均匀，加一点点盐。然后把西红柿切成四厘米大小的小块，蒜切碎。

接下来我们开始做菜。干净的炒锅里到入一些油，油烧热以后，放入鸡蛋。注意不需要搅拌，鸡蛋炒好后装到盘子里。锅里再加一点儿油，油热后倒入西红柿，加入大蒜一起翻炒。加盐和糖，加一点儿水，在锅里煮五分钟后加入炒好的鸡蛋。继续翻炒，等到西红柿变软了以后，就可以关火了。

好吃的西红柿炒鸡蛋做好了，大家喜欢的话可以试着做一做。谢谢！

5 你属什么

情境：留学生大卫在跟他的同学小张谈论属相。

大卫：小张，你是属什么的？

小张：我是 1997 年出生的，属牛。你知道属牛的人有什么个性吗？

大卫：我听说属牛的人做事认真、乐观，而且很能干，就像你一样。

小张：谢谢你的夸奖。大卫，你是属什么的？

大卫：你猜猜看！

小张：我看你整天到处跑，很少有安静下来的时候，估计你属猴！

大卫：哈哈哈，你真的觉得我是这样的人吗？

小张：难道你不属猴？

大卫：我当然不是属猴的。你继续猜！

小张：我想一想，你整天在外边跑，做事很想赢。对了，你做事也很快，应该是属马的吧？

大卫：呀，你还真的猜对了！好厉害啊！

小张：当然了，我对属相很有研究的。我常常读属相方面的书。

大卫：我明白了！对了，属马的人还有什么特点？

小张：喜欢说话，有时候会有点儿啰嗦！

大卫：好吧，我不说话了！

小张：别这样啊！我是开玩笑的！

6 我买了一套纪念邮票

情境：一个女孩在跟奶奶视频聊天儿。

奶奶，上个星期，我去邮局买了一套狗年纪念邮票，这套纪念邮票一共有十二张，每张邮票上的图案都不一样，但是每张上面都有一只小狗，漂亮极了。您看看，这只小狗像不像您养的那只？这套邮票是给我的笔友小明买的，我想他一定会喜欢的。对了，奶奶，您那么喜欢小狗，我应该给您也买一套的。我待会儿就去买，等回南京的时候带给您。您不用担心，这套邮票不贵，才二十美元。我有很多零花钱的。我经常帮妈妈做家务，比如刷碗、洗衣服，挣了很多零花钱呢！另外，您过年时给我的红包，我还存着呢。

7 来客人了

情境：两个好朋友在华人市场聊天儿。

老张：小李，好久没来华人市场啦。买东西来啦？

小李：老张，你好啊！我来买些鱼、猪肉和青菜。虽然有点儿远，但是这儿的东西比我家旁边的菜场便宜，还更新鲜。

老张：买这么多肉菜，家里来客人了？

小李：对，昨天来了一个老朋友，说今天来看看我们。我想请他在家吃个饭。

老张：原来是这样。你们全家都挺好的吧？

小李：挺好的，谢谢你。

老张：不多说了，你们好好儿吃啊！

小李：对了，要不你也来吧，他跟你是老乡，也是北京人。好像还和你是校友呢，我记得你也是清华大学毕业的。

老张：真的吗？那太好了！你这个老朋友是谁呀？

小李：忘了说了，是老王，现在在做大华集团的经理。

老张：这么优秀！他一年能赚不少钱吧？

小李：没错，年薪大概五十万美元呢。

老张：哇，真不少！

小李：肯定的啦，别忘了他是经理。他这次来纽约主要是出差。

老张：几点到你家？

小李：下午五点半。

老张：好的。

小李：一定要来哦！

老张：放心吧，一定去！晚上见！

小李：再见！

8 我的中国笔友

情境：珍妮正在介绍她的笔友小华。

老师、同学们：

大家好！我叫珍妮，是十一年级的学生。我今天要给大家介绍一下我的中国笔友小华。

小华是中国北京一中高二的学生，她的家在上海，小华一个人和其他同学住在学校。你们知道我是怎么认识她的吗？我们是在网上聊天儿的时候认识的。小华想到澳洲来上学，而我想去中国读书，这样我们就认识了。我们互相帮助，我帮她学英语，她教我学汉语。

去年暑假的时候，我去了一趟北京，见到了小华。她带我去了故宫和颐和园，我们还一起骑自行车去了一趟长城，真有意思。小华准备明年二月来澳洲读书，到时候她将住在我家。

这就是我的笔友小华。

我的演讲完了。谢谢大家！

9 我们庆祝一下吧

情境：三个好友在餐馆吃饭，谈论点什么菜。

月月：大卫，丽丽，咱们点什么吃呢？

大卫：我好长时间没有吃他们家的牛肉饺子了，我来一份这个。丽丽，你想吃什么？

丽丽：这家的炒饭很好吃。我准备点这个。月月，你呢？

月月：今天我准备请你们俩吃饭，庆祝一下。

大卫：庆祝？加薪，还是升职？

月月：加薪了。今天人力部通知，由于我工作表现优秀，客户很满意，公司决定给我加薪30%。

丽丽：哇，真是太棒了！那我们今天就多点几个菜，庆祝一下吧！

大卫：除了饺子以外，我还要点北京烤鸭和酸菜鱼。

丽丽：那我不点炒饭了。来一份炒牛肉吧，和米饭一起吃味道可好了。

月月：嗯，已经有四个菜了。咱们再点两个素菜吧，炒青菜和麻婆豆腐，怎么样？再加三碗米饭。

大卫：嗯，我们三个够吃了，不要浪费。

丽丽：我们再要三杯果汁吧，西瓜汁怎么样？夏天天热，解暑。

月月：好的。服务员，我们准备好点菜了。

10 帮忙买午餐

情境：午餐时间到了，皮特请丽丽帮忙买饭。

皮特：丽丽，午饭时间到了，你现在去餐厅吗？

丽丽：对呀。皮特，有什么事吗？

皮特：我中午有一个会。你能帮我买一下午餐吗？

丽丽：真的假的，我怎么不知道要开会啊？

皮特：昨天有个客户因为有事没来，就把会改到今天了。

丽丽：有客户啊，那你不用请客户吃午饭吗？

皮特：我是想请客户吃午饭的，但是他太忙了，开完会他还要去别的地方。

丽丽：这样啊！你想吃什么？

皮特：你吃什么就给我买什么好了。

丽丽：我喜欢吃辣的，中午我会吃宫保鸡丁，你不喜欢吃辣的吧？

皮特：那就买点儿简单的。快餐也可以。

丽丽：吃快餐很不健康的，你经常吃快餐。

皮特：没办法，快餐方便还便宜。

丽丽：那你要吃三明治还是汉堡包？

皮特：帮我买一个汉堡包、一瓶可乐，再来一包炸薯条吧。

丽丽：好的。你知道大概多少钱吗？

皮特：大概十六块钱。我先给你二十块钱吧。谢谢！

丽丽：不用谢！钱等我买回来转账给我就好了。

11 这里禁止吸烟

情境：两个好朋友来到了海滨公园。

云云：小丽，西海岸海滨公园又大又漂亮，还很干净，在这里野餐真是个不错的选择。你今天带了什么来野餐？

小丽：我带了两包薯片、瓜子，还有一些水果。云云，你呢？

云云：我带了寿司和巧克力。我知道你最喜欢吃寿司，可你不会做，我就专门给你做了一些。我还带了象棋。你象棋下得一直很好，每次都能赢我。来新加坡以后，我加入了象棋俱乐部，下象棋的技术提高了不少，这回咱们比一比。

小丽：那我们就边吃边下象棋。虽然我现在工作很忙，没空儿找人下象棋，但你别忘了我老爸可是我们省的象棋冠军，我可是得了他的真传呢。看看你提高了多少。

云云：（咳嗽声）你闻到一股烟味儿了吗？我对烟味儿很敏感，一闻到烟味儿就咳嗽。我都快呼吸不了了。

小丽：这个海滨公园是禁止吸烟的，你看那边立着警示牌，上面还写着“违者罚款三百块”。应该没有人敢在这儿抽烟的。

云云：小丽，你看你后面不远处，有几个人在那里聚会，两个男的在抽烟呢。我要过去告诉他们，不能在这里抽烟，污染环境，还影响别人。

小丽：万一那些人不听我们的劝告，反过来怪我们多管闲事，怎么办？

云云：他们不敢的。在新加坡，公共场所清晰地写明不允许抽烟，如果被环境局的便衣人员发现，是要罚款的。

小丽：快看，快看！有两个人向他们走过去了，那两个人就应该是便衣了。

云云：看，便衣让抽烟的人把烟灭了，他们还出示了工作证。抽烟的人在掏钱交罚款了。

小丽：新加坡警察太给力了吧！

云云：那是！也希望那些抽烟的人吸取这次的教训，以后不在禁止抽烟的区域抽烟了。

12 给我介绍中国朋友吧

情境：马克和丽莎在谈论中国朋友。

马克：丽莎，听说你最近交了几个中国网友。

丽莎：是啊。她们都是我们学校在中国姐妹学校的高三的学生。

马克：你们常常在网上交流吗？

丽莎：对呀。我们每天都在网上聊天儿，我教她们英语，她们教我汉语和数学。

马克：太好了！我也想交几个网友。

丽莎：你们学校有兄弟学校吗？

马克：没有，所以我都不知道怎么去交网友。

丽莎：怎么可能？你喜欢打篮球，你们篮球队就有几个从中国来的留学生吧？

马克：是啊，我们平时都不说中文。

丽莎：多可惜，你可以先跟他们交朋友。见面聊天儿比网上聊天儿方便多了。

马克：是啊，谢谢你。你这样一说，我马上就打电话给小伟。

丽莎：他是你篮球队的队友吗？

马克：是啊，你认识他？

丽莎：不认识。

马克：我周末介绍你们认识。

丽莎：好！

马克：那我们周末在哪儿见？

丽莎：我好久没吃四川火锅了，咱们在市中心的四川火锅店见面，好吗？

马克：真想不到，他是四川人，你都知道啊！

丽莎：哈哈，是我自己喜欢吃辣的。

马克：我跟他约时间，然后告诉你。

丽莎：你现在就给他打电话吧！

马克：好，我现在就打电话。

13 小王怎么了

情境：大卫好几天没有见到小王了，问他怎么了。

大卫：小王，这几天都没有看见你，是不是病了？

小王：是的，大卫。我这几天浑身无力，有点儿拉肚子，吃不下东西。

大卫：去看医生了吗？

小王：看了。医生说是感冒，休息几天就可以了。

大卫：医生给你开药了吗？

小王：开了两种药，每种药都是一天三片。还给我开了一瓶药水，每三个小时喝一次，需要连续吃三天。

大卫：你挺幸运的，没有打针吧？我知道你最怕打针。

小王：是啊，医生说不用打针。不过如果三天后复诊还没好转，就得打针了。

大卫：那你今天好点儿了吗？

小王：感觉好多了，但早上还不太想吃东西。

大卫：你早餐可以喝一杯牛奶，吃一片面包。

小王：我吃不下，不过因为要吃药，所以还是吃了半片面包。

大卫：真可怜。你以后吃东西可要多加小心。

小王：这次是一种特殊的感冒。

大卫：那也得小心。生病可不是一件好事。

小王：嗯，身体健康最重要了。

大卫：祝你早日康复！

小王：谢谢！

14 有趣的中国方言

情境：一个学生正在向大家介绍中国的方言。

各位同学：

大家好！

今天我要讲一讲中国的方言。大家都知道，中国面积大，人口多。虽然官方语言是普通话，但是不同的地方有不同的方言，说话的口音也不同。比如在上海，很多人说上海话；在南京，人们说南京话；在四川，人们说四川话。当然还有很多人知道的广东话。在中国，有的地方每个县都有自己的方言，虽然可能相似，但是却不同。今天我主要讲一下海外华人用的比较多的两个方言：广东话和客家话。广东话有九个声调，所以比普通话难学；主要在香港、澳门、广东省和广西省流行。当然，因为当年很多广东人移民去了国外，所以现在在海外广东话也非常有用。另外一个方言是客家话，客家人分布在中国和世界各地，他们很早也有很多人移民到了不同的地方，但是他们一直保持使用自己的方言。所以，在海外你经常可以遇到不会说普通话、但是会讲客家话的人。

谢谢大家！

15 买宠物

情境：姐姐和弟弟在宠物店里讨论买什么宠物。

姐姐：小明，你看，这几条金鱼真好看，有红的、黑的、黄的，还有一条又红又黑的。

小明：真是太漂亮了！不过，养金鱼还得买鱼缸、鱼食，好像挺麻烦的。

姐姐：养宠物不能怕麻烦。养什么宠物都需要我们用心好好儿照顾才行。

小明：我知道了。你看，那些热带鱼更漂亮，咱们买几条热带鱼吧！

姐姐：热带鱼可不好养，不仅要经常换水，水的温度也很难掌握，还得按时喂食，太麻烦了！

小明：你刚才还说不要怕麻烦呢。现在呢？你看那几只小猫真可爱。我想买那只棕色的。

姐姐：小猫性格很温顺，但是我不太喜欢棕色的猫。

小明：那你喜欢什么颜色的猫？

姐姐：你看那只花猫，多漂亮啊！

小明：我看一下价钱。呀，比棕色的那只便宜很多。

姐姐：我们买一只花猫吧，花猫好看，也不贵，才一百八十块钱一只。

小明：好吧。姐姐，马上就要过母亲节了，我想给妈妈买两只小白兔，陪着妈妈，让她开开心心的。你看怎么样？

姐姐：好主意！标价是每只五十块，我们买两只，刚好一百块。我们去付两百八十块钱吧！

16 梨可以分着吃吗

情境：一个学生在朋友家做客，谈论吃梨的文化。

A：玛丽，我刚才看你爸爸和妈妈两个人吃一个梨，为什么？

B：是啊，我们家经常一起吃水果，那个梨太大了，妈妈说一个人吃不了。你们家不这样吗？

A：除了梨以外，其他水果我有时候也跟我妈妈分着吃。

B：为什么梨不能分着吃？

A：哎，说了你可能不太相信。我妈妈是中国人，中国人认为梨不能分着吃，要吃就得吃整个的，不管它有多大。

B：为什么啊？

A：我也问过妈妈同样的问题，她告诉我“分梨”和“分离”这个词的发音一样，分离是“分开”的意思，不吉利。

B：分开？哦，爸爸妈妈分一个梨，不就是爸爸妈妈分离？分离就是分开，不就是离婚吗？

A：你真聪明！其实也不一定会分开，这只是中国人的一个风俗习惯。

B：如果梨太大，我一次吃不完怎么办？

A：可以一个人分两次吃！

B：太有意思了，还有什么其他的风俗习惯吗？

A：还有很多呢，哪天你去我家，我让我妈妈好好儿讲给你听。

B：好！

17 他最近压力很大

情境：一个中学生正在看医生。

学生：医生，我最近睡眠不太好，晚上十一点半上床以后怎么也睡不着。我试过了很多方法，比如睡觉前去散步、喝一杯热牛奶等等，可是都没有用。我一上床，就开始想学校里的功课。我觉得每门功课都没有学好，都需要努力才可以考出好成绩。总之，我非常紧张，无法放松，我应该怎么办呢？我需要你的帮助。

医生：你都有什么压力？

学生：除了学习的压力，还有来自父母的压力。他们觉得我应该好好儿学习，将来去美国读法律专业，当一名律师。可是，我喜欢设计，我想去学工业设计。

医生：你有没有跟他们谈过？

学生：谈过，可是他们根本不听我的。我真的很生气，可是没有办法。

医生：除了父母给你的压力，还有别的压力吗？

学生：有，还有来自同学的压力。我的同学都很优秀，跟他们比，我常常觉得自己还不够好。

医生：我明白了。你压力的确太大了，我们需要好好儿解决这个问题了。

18 我们今天吵架了

情境：丹丹今天不太开心，正在和朋友聊天儿。

A：丹丹，你怎么了？看你很生气的样子。

B：我今天跟妈妈吵架了。

A：啊！为什么啊？

B：哎，其实也没什么大事。我今天参加课外活动回家晚了。

A：你有没有告诉你妈妈要晚点儿回家？

B：我想告诉她的，可是我的手机没电了。下午有篮球比赛，比赛开始以后，我就忘了给她打电话。

A：她怎么说的？

B：她非常生气，问了我三个为什么。

A：你告诉她你有篮球比赛了吗？

B：告诉了，她听了以后更生气了。

A：为什么更生气了？

B：她说我不应该参加课外活动，更不应该参加篮球比赛。

A：她说为什么了吗？

B：说了，她说我都十二年级了，今年就有国际文凭考试。第一，我应该多花时间复习，准备考试。第二，参加课外活动太浪费时间。第三，比赛容易受伤。

A：那你怎么说的啊？

B：我听了很不开心，我说参加课外活动可以让我休息，休息好了才可以更好地学习。另外，比赛能够培养我的团队精神。

A：你说的没错啊。

B：是啊，可是妈妈觉得我说的不对，让我不要参加任何课外活动了。我非常不高兴，就跟她吵架了。

A：吵架是你不对。你应该好好儿跟她沟通。

B：没有用。她从来都不听我说的。我很失望。

A：还是跟她好好儿沟通一下吧！

B：哎，等明天再说吧！我现在不想跟她说话。

A：不要这样啊！

第二部分　经历体验

19 你喜欢什么流行歌曲

情境：珍妮和保罗在谈论流行歌曲。

保罗：珍妮，你喜欢听中文流行歌曲吗？

珍妮：喜欢，不过很多歌词听不懂。

保罗：你最喜欢听哪首？

珍妮：我以前最喜欢的中国流行歌曲是《老鼠爱大米》，现在是《小苹果》，因为我可以一边听一边跳。

保罗：我也喜欢《小苹果》。今年的校园文化节我们还表演了呢。

珍妮：太棒了！通过唱流行歌曲，我学了不少新词语。保罗，你呢？

保罗：我也学到了不少词语。另外，我很喜欢中国的民歌，比如《茉莉花》。唱民歌使我的发音提高了不少。

珍妮：真是太好了！看来唱中文歌曲对学习汉语是很有帮助的。现在有很多外国人喜欢唱中文歌。你听说过前进乐团吗？

保罗：当然知道，他们有首歌叫《对不起，我的中文不好》，特别火！去年他们四个人还来我们学校表演了呢。

珍妮：你太幸运了！我只是在网上看视频听他们唱歌。

保罗：那也不错啊。对了，现在有一首歌非常好听，你要不要听一下？

珍妮：好啊，叫什么名字？

保罗：《雪落下的声音》，你听过吗？

珍妮：是不是那个有名的电视连续剧的主题歌？

保罗：没错，我们一起听一下吧！

珍妮：好！

20 跟我一起去买书吧

情境：小华邀请室友小芳一起去逛书店。

小华：我现在去市中心的中文书店，打算买一本《中学生英汉小词典》，你也想买一本吗？

小芳：不用了，小华，我已经有一本了。不过我想请你帮我买几本杂志。

小华：什么杂志？

小芳：帮我买一本《读者》和一本《小说月刊》。谢谢！

小华：还需要别的吗？

小芳：对了，如果有《追风筝的人》，也帮我买一本，我们上中文课的时候要学。

小华：我知道，这本小说非常流行，也非常好看。是需要好好儿读一读。还需要别的吗？

小芳：还有……对了，我们需要上书法课，你可以帮忙买一支毛笔、两瓶墨水吗？

小华：天啊，你要买这么多东西啊！你跟我一起去书店吧！

小芳：我太忙了，没有时间，而且我不喜欢坐公共汽车。

小华：如果你跟我一起去，咱们一会儿吃中餐，我请客，怎么样？

小芳：真的啊？我很想吃火锅。你等我一下，我去换衣服。

小华：我就知道，只要有好吃的，你一定会去，哈哈！

小芳：我是个吃货，你懂我。走吧！

小华：走！

21 庆祝结婚纪念日

情境：一个男孩跟奶奶视频，谈论怎么帮父母庆祝结婚纪念日。

奶奶，今年八月九号是爸爸妈妈结婚三十五周年纪念日，据说是“玉婚”。我们几个孩子想给他们好好儿庆祝一下。哥哥说给父母买去欧洲旅游的往返机票，再给一些零花钱；姐姐说给他们安排一个豪华游轮的旅行。我还在上大学，没有钱，但是有时间。八月份我正好放假，可以带父母去美国旅行。哈哈，当然是哥哥姐姐出钱啦！我还没有去过美国，爸爸妈妈也没去过，听说美国很好玩儿。不知道哥哥姐姐他们觉得怎么样。如果他们不同意，我就用自己打工挣的钱给爸妈买机票。奶奶，您觉得怎么样？

22 欢迎订餐

情境：一家酒店在网上发布了广告。

春节是中国人最重要的节日，而年夜饭是家家户户都非常重视的一顿饭。如果你觉得自己做年夜饭太麻烦，欢迎联系我们酒店。我们在过去的十一年里，一直为广大顾客提供物美价廉的年夜饭。我们的年夜饭有不同的价格选择，你可以选择价钱一万块的顶级套餐，一共有八十八种不同的凉菜和热菜，加上一个海鲜汤。你也可以选择价格非常便宜的两百八十八元亲民套餐，此套餐八菜一汤，可以供六个人食用。本店还有其他多种套餐可以选择，如果你感兴趣，请立即打电话或者扫二维码加本店微信联系，也可以上网看看具体的菜单。如果你有特殊的要求，请发电邮给我们。期待为你们服务。春节快乐！

23 请帮我预订羽毛球场地

情境：一个羽毛球爱好者打电话预订球场。

A：请问是北京大学体育馆吗？我想订羽毛球场。

B：你想订什么时候的？

A：星期六下午，两点到四点，两个场地。

B：好的，我查一下。

A：谢谢你！

B：不好意思，三点没有场地了，都已经订出去了。

A：怎么办呢？我们九个人，一个小时太少了。

B：你可以订中午十二点到两点的，两个小时，或者下午四点到六点，两个小时。只要三点不来打球就可以了。

A：我想一下，四点到六点的吧，十二点是午饭时间。刚吃了午饭打球对身体不太好。

B：可以，不过只有一个场地了。

A：没问题，一个就一个吧！多少钱？

B：一共三十六块钱。

A：我是北大的学生，能优惠吗？

B：可以。学生价一共二十八块。请问您贵姓？

A：免贵姓赵。

B：你的学生证号码是多少？

A：等一下，我看看……是 86790。

B：好，留下你的电话号码，如果不能来，请提前一个小时打电话告诉我。

A：明白，我的电话是 13986359621。

B：好的，订好了。星期六，下午四点到六点，一个场地。

A：对，谢谢。再见！

B：不客气！再见！

24 去滑雪

情境：两个朋友在商量周末去滑雪。

玛丽：保罗，我们周末去雪山滑雪，你想去吗？

保罗：玛丽，我星期一要考试，就不去了吧。

玛丽：我也有考试啊，你平时学习很用功，每次考试都考得比我好。

保罗：哪里啊，你考得也不错。

玛丽：你现在需要休息一下，不能整天复习吧。你喜欢滑雪吗？

保罗：我不会滑雪，所以不能跟你去了。

玛丽：没关系，滑雪场那边有教练教。你正好可以学一下。

保罗：真的吗？如果有人教，我可以考虑一下。这个周末天气好不好？

玛丽：我看了天气预报，周末有小雨，还要刮风。

保罗：对了，你和谁一起去？

玛丽：我们一家人，还有弟弟的几个朋友。

保罗：他们都很会滑雪吧。

玛丽：也有不会滑的，你们可以一起学。

保罗：太好了！我跟你们一起去。都需要准备什么东西啊？

玛丽：不用准备什么，滑雪服、滑雪板可以在现场租。需要带一些厚点儿的衣服，山上很冷的。

保罗：我知道了。我这就去准备。

玛丽：好，我们周末见。

25 中国文化节

情境：一个学生在播客中更新参加文化节的经历。

这个星期是国际周，今天我们学校举办了中国文化节，很多家长和学生都来参加了这个活动。

我品尝了不少中国美食，比如饺子、春卷、叉烧包、炒面和炒饭；我学习了怎么做风筝、剪纸，还写了毛笔字。除了这些活动以外，还有表演。我看了中国武术表演，还看了扇子舞、京剧演唱和吹笛子，很有意思。虽然中文很难，但是我一定要好好儿学，争取长大以后去中国工作。

26 外国人在中国

情境：一篇报道在介绍外国人在中国的工作和生活。

现在，有数以万计的外国人在中国生活、工作，他们有的做进出口生意，有的教英文，有的开公司，干什么的都有。他们在中国生活得怎么样呢？为此，记者采访了一些在中国工作和生活的外国人。

史密斯先生是一位商人，他认为中国的机会很多，赚钱比较容易。史太太认为中国的东西很便宜，房子租金不贵，住得很舒服，还有各种美食，生活非常方便。在一所教育机构教英语的凯特觉得中国人友好又热情，她在中国交了很多朋友，很有成就感，也长了不少见识。在一所国际学校教西班牙语的安娜说，中国的风景太美了，还有很多名胜古迹，这些都使她着迷，她每个假期都会在中国到处旅游。来自澳洲的保罗告诉记者，在中国生活和在澳洲差不多，可以看到世界各地的新闻，听到外国音乐，看到外国电影。除了要说中文，他觉得在中国就跟在自己家一样。

27 去企鹅岛旅游

情境：两个朋友在谈论去企鹅岛旅游的事。

小王：老李，我们明天去企鹅岛，好吗？

老李：好啊，小王。可是我们怎么去呢？我不会开车啊。你又不喜欢开车开那么长时间。

小王：我自有办法，所以才问你的。

老李：不要告诉我是要坐旅游车去，我上次坐旅游车出去，身体很不舒服，吐了一车。

小王：我知道你不喜欢坐旅游车，这次我们先坐电车去小明家，到小明家以后，他开车带我们去。

老李：真的啊？那太好了！小明是个热心人。我们几点从家里出发？

小王：我们明天早上五点就得起床，六点从你家一起走，六点半以前要赶到小明家。咱们不能迟到，如果出发晚了，路上会塞车。

老李：没问题。那我们需要带些什么吗？

小王：我们需要带一些饼干和面包，再带点儿水，还有水果。

老李：我得带上相机，听说那里的风景很美。

小王：对了，听说岛上风大，我们还要在企鹅岛上走一走，所以得带上运动鞋，还要多带几件衣服。

老李：好的。我还会带上外套、防水风衣。

小王：对了，老李，别忘了给你的照相机和手机充好电。明天会拍很多照片的。

老李：好的。今天早点儿睡觉吧。

28 你来邮局做什么

情境：珍妮和小明在邮局聊天儿。

小明：珍妮，你好！你也来寄信啦？

珍妮：你好！小明。我在北京的一个朋友想要几张澳大利亚的明信片，我买了十张寄给他。你呢？

小明：我来取东西。我妈妈从上海寄了一些书给我。

珍妮：怎么没有用快递呢？

小明：快递太贵了，另外，我这些书下个学期才用。邮递虽然要慢很多，但是省了不少钱。

珍妮：也是，如果不赶时间，还是邮递划算。对了，你知道吗？今年的生肖邮票特别好看，我的笔友让我帮他买三套呢。

小明：是吗？今年是猴年，我爸爸集邮，他说中国有一张猴年邮票现在值很多钱了，好像有一百五十万呢！

珍妮：也许十年后，这套邮票也会值很多钱的。

小明：那我也买一些吧。

珍妮：你看，这只猴子多可爱啊。

小明：是的。我得买十五套，送给国内的亲朋好友。

珍妮：我寄完明信片了，得回家了，明天见！

小明：再见！

29 墨尔本国际赛马节

情境：在中国举办的澳洲旅游展览会上，一名工作人员向观众介绍墨尔本的赛马节。

每年十一月的第一个星期二是墨尔本国际赛马节，除了本地的马以外，不少外国的骑手和马匹也来参加比赛。获得冠军的马和主人会得到一百多万澳元的奖金。

在墨尔本，这一天是公共假日，很多人去赛马场看赛马。这些人就像过节一样，男士穿戴整齐，穿西装、戴领带。女士穿不同颜色的礼服、连衣裙，戴着礼帽，非常时髦。在赛马结束前，大会将评选出穿着最佳的人，这个人也可以获得丰厚的奖品。不去赛马场的人，大多也会和几个朋友在一起，边看电视边烤肉，边喝啤酒。当然，还有很多人去投注赌马，也就是花一点儿钱，猜一猜哪一匹马会得冠军，没准儿运气好，还能赢一点儿钱。但是，大家赌马的目的主要是开心。

除了在墨尔本，世界各地很多的澳洲人也会在这一天通过互联网参与赌马。他们跟当地人一样，会花一些钱试一下自己的运气如何。当然，很多人会利用这个机会跟朋友聚一下。

30 你可以帮我复习考试吗

情境：两个人在谈论放学以后做什么。

小王：林达，你今天放学以后有什么事吗？

林达：我今天放学以后要参加合唱团的演出。怎么了？

小王：我原来想请你帮我练习一下法语，我明天早上有一个考试。

林达：今天晚上行吗？我晚上七点以后有时间，你给我打电话，我们在电话里练就可以了。

小王：今天晚上不行，我要参加一个篮球比赛。

林达：你明天就有考试，今天晚上还要参加篮球比赛啊？

小王：是啊，我是篮球队的主力，这个比赛也特别重要。如果我们赢了，我们就是今年的总冠军了。

林达：那是挺重要的。比赛完你几点可以到家？

小王：最早也要九点，太晚了。

林达：如果你不累，我九点可以到你家，我们复习一个小时。

小王：太感谢你了！你不怕太晚了，影响休息？

林达：谁让你是我的好朋友呢，你整天帮助我练习中文，这次该我帮助你了。

小王：那就晚上九点在我家见。如果我还没有回来，请等我一会儿。

林达：没问题，晚上见！

31 中文演讲比赛

情境：安琪和约翰在谈论昨晚的演讲比赛。

安琪：约翰，你昨天晚上的演讲比赛怎么样？都有谁去看你演讲了？

约翰：别提了，安琪。我只得了第三名。昨天晚上爸爸、妈妈、姐姐、几个朋友和同学都去看演讲了。对了，你怎么没来？

安琪：真对不起。我昨天晚上有钢琴比赛。你不是准备得很好吗？

约翰：是啊。我是准备得很好，可能是太紧张了，演讲都没讲完，中间还忘说了一段。最后的问题回答得也不好。

安琪：你演讲的是什么内容？

约翰：我讲的是我爷爷从中国来到澳洲的故事。

安琪：那一定很有意思！

约翰：是很有意思，可是讲到一半就忘记应该说什么了，只好自己编。

安琪：你真的没有讲完？

约翰：哎，跟准备的内容比没有讲完，不过好像应该说的都说了。

安琪：那最后回答问题怎么了？

约翰：我拿到的是有关北京名胜古迹的问题。要求说五个，我只说出了三个。

安琪：你说了长城、天安门、故宫，没有说颐和园和天坛，对吗？

约翰：你怎么知道的？

安琪：有人告诉我啊。

约翰：谁？

安琪：这个不重要，可惜了，那天我们还复习了这个问题呢。

约翰：真的太可惜了，我当时脑袋一片空白，回到座位就想起来了。

安琪：好了，已经过去了，明年再努力吧。你一定会成功的。

约翰：谢谢！

32 我们在学校集合

情境：排球队队长正在通知周六比赛的安排。

全体队员注意了，我们星期六将会去南海中学参加校际排球比赛。比赛早上九点开始，估计下午五点半结束。我们早上七点半在学校集合，先进行一个小时的训练，然后一起坐车去南海中学。请大家带上红色队服、白色球鞋以及黑色运动外套。不用带午餐和水。比赛组委会将提供披萨作为午餐。请大家准时到校。如果不能到校，请打电话通知教练。如果你还有问题，请直接找教练问。祝你们比赛取得好成绩！

33 看球赛

情境：小明和大卫在谈论周末都做了什么。

大卫：小明，周末过得怎么样？有没有做什么有趣的事啊？

小明：当然有了，大卫。我去看了一场美国网球公开赛。

大卫：美网啊，真不错，和谁一起去的？

小明：和我舅舅一起去的。他从中国来看我们，正好带他去看看。

大卫：比赛好看吗？

小明：非常好看。两个选手都打得很好。

大卫：谁赢了？

小明：美国的马克赢了，不过，他中间差点儿就输了。澳洲的托尼开始的时候领先。他们打到了二比二，最后马克赢了。

大卫：听起来很不错的比赛。对了，在那里看比赛和在家看电视直播有什么不同呢？

小明：那可不一样。在家看没有气氛。在现场看，又热闹又刺激。

大卫：你能看得清楚吗？

小明：当然可以，有的球还可以看大屏幕的回放，跟在电视上看差不多。

大卫：不过，票应该很贵，也很难买吧？

小明：嗯，不便宜。一张票要一百美元。不过，我三个月前就在网上订票了，那个时候打六折。

大卫：你真厉害！明年你还去看吗？

小明：当然去了，我是网球迷。

大卫：那你订票的时候一定要告诉我，我也想去看。

小明：没问题！

34 深圳世界之窗

情境：一个人在播客上谈论去世界之窗游玩的经历。

我今天参观了深圳的世界之窗。世界之窗是一个旅游景点，里面有悉尼歌剧院和悉尼大桥。可是，比真正的悉尼歌剧院小多了，风景也比不上悉尼。看来，悉尼歌剧院的美景只有在悉尼才能体会出来。不过，里面还有很多世界著名景点，比如法国埃菲尔铁塔、伦敦桥、埃及金字塔等。我觉得挺不错的，因为在一个地方就可以看到那么多有意思的地方。今天虽然非常累，不过，我觉得很开心，明天还想再去一趟，因为里面有很多好玩儿的景点我还没参观呢。

35 买哪种月饼好呢

情境：小方去商店买月饼。

小　方：你好！中秋节快要到了，我想买点儿月饼。你能给我介绍一下吗？

售货员：没问题！你看，这种红豆月饼二十八块钱一盒，一盒里有四块。

小　方：我看看，还不错。不过，包装盒子不漂亮，上面没有嫦娥。

售货员：你过来看看，这盒月饼的包装盒漂亮吗？

小　方：真的好漂亮，有嫦娥、兔子，还有桂花树。

售货员：你真有眼光，这种月饼最适合送人。名字也好听，叫七星伴月。

小　方：为什么叫这个名字？

售货员：这种七星伴月月饼一盒有八块，一块大的、圆圆的月饼代表月亮，放在中间。另外七小块月饼围成一个圆圈，好像正在陪伴着月亮的星星。

小　方：真有意思！里面什么馅儿？

售货员：每种月饼的馅儿都不一样。有五仁的、红豆沙的、椰蓉的等等。最主要的是这款月饼也不贵。

小　方：多少钱一盒？

售货员：一百九十九块一盒，送给别人当礼物，他一定喜欢。

小　方：我这次买月饼，自己吃，也送人。

售货员：自己吃红豆的就可以了；送人嘛，七星的就更好一点儿。

小　方：谢谢！我再看看。

36 一个特大好消息

情境：哥哥告诉了妹妹一个好消息。

哥哥：小兰，告诉你一个好消息，你一定非常高兴。

妹妹：什么好消息？

哥哥：你猜一猜，跟动物有关的。

妹妹：天啊，我喜欢的动物可多了，有熊猫、袋鼠、树熊、金丝猴等等。我怎么猜得到啊！

哥哥：你刚才已经提到了，最可爱的那个。

妹妹：熊猫很可爱，不过，我觉得树熊更可爱。

哥哥：我们在北京也可以看到澳洲的树熊了。你知道吗？动物园去年从澳洲买来了六只树熊，现在它们又生了小树熊了。

妹妹：是这个消息啊，我也知道的。我听说还有一对树熊双胞胎呢。树熊在澳洲以外的地方还是第一次生双胞胎，它们的爸爸妈妈叫臭臭和甜甜。

哥哥：是啊。动物园为了照顾小树熊，特意从澳洲进口了一些树熊专用的东西，还从澳洲动物园请了一名专家来指导。

妹妹：你的好消息是什么？

哥哥：昨天，我的朋友大山告诉我，他的爸爸就是负责照顾树熊的饲养员。听说你最喜欢树熊，所以他爸爸说可以让你去看看小树熊。

妹妹：我的天啊，这是真的吗？听说，最早中秋节、最晚国庆节才可以去看小树熊。

哥哥：他爸爸不是听说你最爱树熊嘛，所以想让你先看看小树熊的可爱样子。

妹妹：太感动了！哥哥我们什么时候可以看到小树熊呢？

哥哥：明天怎么样？我这就去给大山打电话约时间。

妹妹：谢谢哥哥，这真是一个特大好消息！

37 要开运动会了

情境：在香港的一所学校，新生玛丽正在跟班长谈论运动会。

保罗：玛丽，今年的运动会你参加什么项目？

玛丽：咱们学校的运动会一年几次啊？在什么时候开？

保罗：一年一次，每年的十月份，那个时候天气比较好，不冷也不热，还常常是晴天。

玛丽：那真的不错。对了，每个人可以报名参加几项啊？

保罗：一般来说，最多不能超过三项。

玛丽：哦，我很喜欢跑长跑，短跑也不错，还喜欢跳远。

保罗：太好了，我们班今年有希望得冠军了。

玛丽：不会吧，我不能保证都拿到好的名次。

保罗：你努力比赛就行。

玛丽：去年咱们班的成绩怎么样？

保罗：大卫得了一百米冠军、跳高第二名。小花八百米得了亚军、铅球第三。大力得了铅球第四名。我们总成绩第二名。

玛丽：跟第一名差多少分啊？

保罗：说起来你都不会相信，就差一分。我后悔死了，如果我再参加一项比赛，就可以拿到参与的那一分。

玛丽：哈哈哈，没事，今年我们再努力一下，争取拿到冠军。

保罗：嗯，期待你的好成绩！

玛丽：我会努力的，不过，应该是全班同学一起努力，特别是你，一定要参加三项哦。

保罗：保证会。去年的教训我不会忘记的。

玛丽：好，加油！对了，我们运动会在哪里开啊？香港这里好的操场都不多，你看我们学校的操场，都没有真草。

保罗：不用担心，我们在香港大学的操场开运动会，那里的操场很大，有真草，到时候你就知道了。

玛丽：真的啊？一起加油！

38 来参加婚礼吧

情境：华人女孩月月邀请好朋友参加亲人的婚礼。

月月：大伟，我姐姐下个星期六结婚，举办婚礼，她邀请你也参加。

大伟：太好了，月月。他们举行西式婚礼还是中式婚礼啊？

月月：当然是中式婚礼了。

大伟：我还真的没有参加过中式婚礼呢。

月月：我知道，这不就是一个好机会吗？

大伟：对了，参加中式婚礼我需要做什么准备吗？

月月：不用，你去就行了。

大伟：不行，你觉得我应该带什么礼物去呢？在我们国家，我们会给他们买一些生活必需品。

月月：在中国，不用。我们给他们一个红包就好了。

大伟：红包，不是春节才发红包的吗？

月月：不只是春节，在很多场合都可以发红包的，比如婚礼，或者为了表示感谢。

大伟：真方便！对了，红包里应该放多少钱合适？

月月：一两百就可以了。只要是双数。我们这次红包里面放一百八十八块，很吉利。

大伟：知道了。我那天需要穿唐装吗？

月月：随便。你可以穿西装，也可以穿唐装，但颜色不能是黑的，也不能是红的。因为黑色不吉利，葬礼才穿黑的。红的嘛，是新郎穿的。

大伟：明白了，我穿我那件蓝色的唐装，可以吗？

月月：当然可以，你穿那件衣服很帅的。

大伟：谢谢啦！

39 学开车，找教练

情境：小兰向小红征求学车意见。

小兰：小红，我想学开车。你知道学开车要多少钱吗？

小红：广告上说学十次课，包三次考试，一共七百五十块。不过，你有没有考过理论考试啊？

小兰：考过了，上个星期去考的，我考得还挺好的。

小红：祝贺你！那你现在真的可以开始学开车了。为什么你的爸爸妈妈不教你开车？

小兰：别提了，我爸爸上个星期教我开了一次，我太紧张了，我爸爸也紧张。他老大声跟我说话，我都不开心了。

小红：是有这个问题，我妈妈教我开车的时候，常常骂我笨。我后来都生气了。

小兰：我学了一次，心里可难受了。

小红：嗯，那就找一个专业的教练。

小兰：你觉得说英文的教练好还是说中文的教练好？

小红：我觉得说英文的好，因为教练说英文可以帮助你提高英文水平，所有的路标都是英文的。而且，你的英文也不错。

小兰：嗯，那我就找一个说英文的教练。你有没有好的教练介绍给我？

小红：我的教练就不错。他很有耐心，教得非常好。另外，长得还很帅。

小兰：快把他的电话号码告诉我，我跟他联系，约时间。

小红：你都不问教一次多少钱啊？

小兰：多少钱一次？

小红：一次课五十元，一个半小时。

小兰：电话号码呢？

小红：0452596805。

小兰：谢谢，我现在就打电话。

40 你在哪里呢

情境：已经很晚了，冬梅准备去接她的丈夫。

冬梅：喂，建国，你在哪里了？太晚了，都快十一点了。我准备开车去接你。

建国：冬梅，我在等地铁，还有十四分钟地铁才到。等我上了地铁给你打电话。

冬梅：好的，一上地铁，你就给我打电话吧。

建国：我刚上车了，坐的是慢车，到新城地铁站得三十多分钟。

冬梅：没事，我开车去新城地铁站需要五六分钟。我等下再出发。

建国：你在哪里了？我怎么没有看到你的车？

冬梅：你在哪里？我在红绿灯的北面。

建国：我还是看不到你的车，你打开车灯。

冬梅：看到了吗？车灯在闪了。

建国：没有。我四周黑黑的，没有灯。

冬梅：你等下，我下车，我看到你了，你回头看，我在你的右边。

建国：右边……我怎么知道你在哪里？

冬梅：我在红绿灯下面，你看到了吗？

建国：看到了，看到了。你的车呢？

冬梅：在那里，邮局旁边。

建国：天啊，你怎么把车停在这里啊。这里不是回家的方向。

冬梅：没有停车位了，正好这里有空，就停在这里了。

建国：难怪我找不到你。

冬梅：现在找到了，咱们走吧。

建国：小心开车。

41 旅游胜地西湖

情境：导游向游客介绍西湖风景区。

看！各位朋友，前面就是杭州最有名的景点——西湖。西湖风景名胜区是“国家五A级旅游景区”。西湖在杭州市西湖区龙井路1号，风景区总面积是 49 平方千米，湖面面积为 6.38 平方千米。西湖南、西、北三面都是山，湖中白堤、苏堤等将湖面分成几个不同的水面。西湖看起来不是圆的，而是椭圆形，湖底平坦，平均水深为 2.27 米，最深 5 米左右，最浅的还不到 1 米。

西湖有 100 多处公园景点，有“西湖十景”“新西湖十景”“三评西湖十景”之说，有 60 多个国家、省、市级重点文物保护单位和 20 多座博物馆，有断桥、雷峰塔、钱王祠、净慈寺等景点。

西湖以前不是免费对游客开放的，现在免费了。但是，西湖里面有些景点需要买门票才可以进入。西湖不仅是外地游客必去的景点，也是当地人跑步、散步的好地方。今天你们很幸运，因为天气晴朗，不冷也不热，可以一边走路一边看西湖的美景了。

42 一起去听京剧吧

情境：亮亮在跟奶奶谈论京剧。

奶奶：亮亮，咱们今天晚上一起去听京剧吧？

亮亮：奶奶，我不想去，我害怕听不懂。

奶奶：怕什么，奶奶可以帮你啊。你知道不知道，每个京剧故事基本上都有一个历史故事在里面。我可以先把今天晚上看的故事告诉你。

亮亮：谢谢您！不过，我还是担心听不懂。

奶奶：不用担心，你可以看看演员们的脸谱和动作。

亮亮：对哦，奶奶，听说京剧里的脸谱都有特别的意义。

奶奶：真不错，你还是懂一些京剧的啊。

亮亮：我知道的不多，红脸是好人，白脸是坏人。

奶奶：基本上是这样的。对了，你知道京剧里有哪几种角色吗？

亮亮：我好像听说过，一共有四种。可是我不知道是哪四种。

奶奶：生、旦、净、丑这四种，每种还有不同的分法。

亮亮：谢谢奶奶。您为什么那么喜欢看京剧啊？

奶奶：京剧中包括很多中国文化知识。

亮亮：嗯，您从什么时候开始喜欢看京剧的？

奶奶：我啊，从小就喜欢。四岁的时候，我爷爷就带我去看京剧。我越看越喜欢。

亮亮：真的啊，您那么小能看懂吗？

奶奶：我看看那些漂亮的衣服、听听锣鼓声就好了，长大以后才真正看懂京剧。所以啊，我希望你也开始跟我去看京剧。

亮亮：好的，奶奶，我以后每个星期陪您去看一次京剧怎么样？

奶奶：这才是我的好孙子！

第三部分　发明创造

43 买电话卡

情境：一个留学生在美国的唐人街买电话卡。

A：请问，你们卖电话卡吗？

B：卖，您要什么样的？

A：这种长城卡怎么样？

B：这种不错，可以打国际长途，一分钟才三分钱。

A：我不仅打国际长途，还要上网。

B：哦，如果这样的话，这个黄山卡比较划算。

A：为什么划算？

B：因为这个卡有 5G 的流量，也可以打长途电话。我觉得你长途电话可能打得不多。

A：的确是，我只是给在中国的妈妈打电话。

B：她不上网吗？如果她也上网，还有更便宜的卡呢。

A：她用电脑上网，但是她喜欢用电话聊天儿。她用的是熊猫卡，那种只能打国内电话的。

B：哦，那你就买这个黄山卡吧。

A：多少钱？

B：十美元一张。

A：有折扣吗？我是一个穷学生。

B：学生啊，八美元一张就好了。

A：谢谢，我买了。

B：还需要别的东西吗？

A：对了，有新款的手机吗？

B：有。这种熊猫牌手机刚出来，功能齐全，很受欢迎。

A：有学生折扣吗？

B：没有，是新款。老款的打七折。

A：哎呀，那我得考虑考虑了，先要黄山卡吧。

B：没关系，你想好了再买。

A：对不起，我没带现金，可以用信用卡吗？

B：没问题！

44 我的网店

情境：一个网络视频广告正在介绍网店。

各位网友，欢迎光临我的网店！本店专门经营澳大利亚的产品，现在给大家介绍一些商品。澳大利亚的铅笔很有特色，和别的铅笔一样，有不同的颜色，比如绿色、黄色、橘黄色和紫色。但是，这些铅笔还有别的铅笔没有的香味儿，中小学生都非常喜爱。澳洲袋鼠、树袋熊都非常可爱，本店有各种尺寸袋鼠、树袋熊的玩具，非常受小朋友们的欢迎。另外，我们还销售澳洲发行的纪念邮票，比如纪念中国新年的生肖邮票就大受欢迎。本店还有老年人喜欢的保健品，很多人为了身体健康，每天都在吃维他命等保健品。本店最受大人欢迎的商品是澳洲婴儿奶粉，质量好，价格合理。欢迎大家选购！

45 愉快的旅行

情境：朱丽跟她的好朋友阿伦谈自己的旅行经历。

阿伦：朱丽，好久不见了，你去哪儿了？

朱丽：我去欧洲转了一圈，还去了一趟美国。

阿伦：什么地方最好玩儿？

朱丽：都不错。给我印象最深的是英国的伦敦和美国的华盛顿。

阿伦：为什么是伦敦啊？

朱丽：伦敦是一座国际城市，有很多博物馆，还有伦敦桥、牛津街、教堂等等，好多好玩儿的地方。

阿伦：你有没有去格林威治？

朱丽：去了，在天文台，我还一只脚踏在地球的东边，另外一只脚踩在地球的西边。

阿伦：真有趣！你有没有看音乐剧？

朱丽：看了，我跟我的好朋友看了《猫》，演员们太棒了！

阿伦：那美国首都华盛顿呢？你最喜欢什么地方？

朱丽：我最喜欢的是越南战争纪念碑和白宫。

阿伦：为什么呢？

朱丽：因为越南战争纪念碑的设计与众不同，让人难以忘记。

阿伦：那白宫呢？

朱丽：白宫是美国总统办公的地方，很有意思。

阿伦：听你这么说，我明年也要去美国看看。

朱丽：为什么不去伦敦？

阿伦：我没有那么多钱啊！

46 为什么午饭味道这么好

情境：午饭后，两个学生在谈论今天的饭菜。

A：阿伦，今天餐厅的菜真好吃啊！

B：是吗？以后餐厅的菜天天都会很好吃。

A：什么意思？我们学校餐厅来了新厨师吗？

B：也可以这么说。

A：我说的呢，今天的菜比以前的好吃多了！新厨师真的好厉害！全部的厨师都是新的吗？

B：当然不是啦，你真的没有发现新厨师是什么吗？

A：我看看，老厨师还在那里，没有看见新的厨师啊。

B：你再好好儿看看。就在厨房的右边。

A：那里有两部机器。是洗碗机吗？

B：不是，那是咱们学校的新厨师！

A：天啊，我们学校也有做饭机器人了吗？

B：你猜对了。就是那两个做饭机器人做的午饭。

A：我在网上看到过做饭机器人的信息，大厨把菜谱设计好，机器人就会照着做菜，又快又好吃。

B：是的，你看你今天就吃出不同的味道了吧！

A：我没有想到咱们学校能买做饭机器人，太酷了！对了，你是怎么知道的？

B：确实很酷！原因很简单，这种机器人是我爸爸他们公司设计生产的。他昨天告诉我，今天学校会有做饭机器人做饭。所以我今天没有带午饭来学校。

A：对啊，你以前都是自己带午饭来学校吃的。

B：以后就不用了，因为有了做饭机器人，我们的午餐会一直很好吃。

A：我回家的时候要告诉妈妈，让她明天也来学校吃午餐，尝尝机器人做的菜。

B：好！她一定会喜欢的。做饭机器人太酷了！

47 送货小能手

情境：两个朋友在聊天儿。

A：昨天晚上我看了一个视频，很有意思。

B：是什么视频？

A：机器人送货。在酒店里，先选择好要买的东西，不用出门，机器人会把东西带到你门口。

B：到了门口呢？它怎么通知你来拿东西？

A：它会打电话给你，而且用中文和英文说一次“您的商品已经到了，请出来拿您的东西”。

B：哇，有意思！拿完了东西，它会做什么？

A：它自己会走到电梯门口，上电梯，然后回到酒店的大厅，准备服务下一个人。

B：这样好方便，不用打电话给服务员，也不用等很长时间就可以拿到你想买的东西了。

A：对，你只需要一部手机。从买东西到收到东西，全都通过手机完成。

B：是哪个酒店啊？我也想去试一试。

A：我上网查一查。哇塞，很多酒店都有自动送货机器人了。你看，这家酒店有。我下个星期正好要去北京旅游，就订这家酒店了。

B：记得拍一个视频给我看看，你是怎么使用送货机器人的。

A：没问题！

48 请问这儿怎么去

情境：大伟要去某个地方，向小明询问怎么走。

大伟：小明，请问，你知道怎么去市中心的博物馆吗？

小明：当然知道，大伟。你可以坐地铁、坐公共汽车，还可以坐电车，当然还可以坐出租车。

大伟：要是自己开车得多长时间？

小明：自己开车得半个小时。如果碰上交通拥堵，那就不好说了。

大伟：也是啊。我明天早上十点以前要到博物馆大门口等学生。

小明：哎呀，那会儿正是上班高峰期，路上一定人多、车多，我觉得你最好不要开车。

大伟：那公共汽车呢？

小明：也不要坐，坐车的人太多，而且每一站都要停。

大伟：电车会不会好一点儿？停靠站比公共汽车少好几个。

小明：也最好不要坐，人也多，路上车也多，也可能拥堵。

大伟：那就只有坐地铁了啊。可是地铁站离我家有点儿远。

小明：你可以开车到地铁站，那个时候停车也方便。

大伟：对啊，我可以开车到地铁站，然后坐地铁去市中心。

小明：没错，你到了市中心终点站，可以走路去博物馆。

大伟：需要多长时间啊？

小明：走路也就五六分钟，如果走得慢，最多十分钟。

大伟：好，就这样决定了，我明天就这样去博物馆。

小明：对，方便快捷，还可以锻炼身体。

大伟：可不是嘛，谢谢你！

49 飞机晚点了

情境：某机场正在播放飞机晚点的广播。

各位旅客请注意，我们抱歉地通知，您乘坐的 CA258 从北京飞往上海的航班，原定于八点半起飞，因为起飞地天气情况不好，无法按时起飞。您所乘坐的航班将晚点，具体起飞时间仍然未定。另外，您所乘坐的此航班登机口由 12 号变更到 21 号，请您去 21 号登机口候机。请您在候机室休息，等待通知。感谢您的理解与合作！

50 精彩的音乐会

情境：玛丽和梅梅在谈论音乐会。

梅梅：玛丽，昨晚的学校音乐会你觉得怎么样？

玛丽：太棒了，梅梅。我都没有想到，贝蒂的钢琴弹得那么好！

梅梅：是啊，她每天至少练习两个小时的钢琴。对了，你觉得昨天唱国歌的那个学生唱得怎么样？

玛丽：她的声音很美，唱得特别好听，我都跟她一起唱了。对了，梅梅，是谁唱的？我没有看清楚。

梅梅：是丽萨！她看起来也特别好看。

玛丽：什么？我都没有认出是她，我以为是一个八年级学生唱的。

梅梅：那个八年级的学生啊，她是合唱节目的领唱。

玛丽：她唱得也非常好听。不过，我还是觉得丽萨唱得更好。

梅梅：昨天你爸爸妈妈来看节目了吗？

玛丽：我妈妈和妹妹来了，我爸爸出差了，没有来。

梅梅：你怎么来的？

玛丽：我坐电车来的。因为坐电车可以直接到学校门口。你怎么来的？

梅梅：我坐地铁来的，来的时候是坐特快，二十分钟就到了。回去的时候，我等了二十七分钟地铁才来，还是个慢车。我到家都快十一点了。

玛丽：我比你早一点儿，十点三刻就到家了。

梅梅：回到家，我很渴，喝了三杯水才去睡觉。

玛丽：那是因为你合唱的时候声音太大了。

梅梅：我太喜欢音乐了！

玛丽：明年你争取独唱吧，今年独唱的四个学生都很棒。

梅梅：我要好好儿学唱歌，明年一定独唱。

玛丽：加油，你是最棒的！

51 机器人

情境：两个人在讨论有关机器人的视频。

A：今天上课的时候，老师给我们看了关于机器人的视频，看完以后，感觉有点儿害怕。

B：什么视频啊？是恐怖片吗？

A：不是，是两个机器人的对话。

B：它们都说了什么，让你觉得害怕？

A：它们两个人居然在辩论。

B：啊？都说什么了？

A：男机器人说："你说你对人类帮助不大，所以你是个坏人。"

B：女的说了什么？

A：女机器人说："哈哈哈，是你说的。"

B：它们真的像两个真人在那儿辩论。

A：这还不是让人最害怕的。

B：那是什么？

A：那个叫索菲亚的女机器人与它的创作者的谈话更让人害怕。

B：为什么？

A：科学家问索菲亚："你想消灭人类吗？请说不。"索菲亚微笑着说："我会，我会消灭人类。"是不是很可怕？

B：是啊，如果每个机器人都像索菲亚这样，它们早晚会统治世界的。

A：所以我才觉得害怕。不过，希望科学家可以好好儿训练机器人，让它们帮助人类，而不是将来消灭人类。

B：我真的觉得这很难。因为机器人好像自己会思考问题了。

A：所以，希望科学家可以正确地引导它们。

B：嗯，希望如此。

52 台湾民宿

情境：主人正在向客人介绍自己的民宿。

主人：欢迎你们来到台湾，来到我的家。

游客：真的好漂亮，我很喜欢！

主人：谢谢你！先把行李箱放到柜子里吧，我带你到处走走，介绍一下周围的设施。

游客：好的。

主人：这里是厨房，你可以自己做饭。冰箱里我放了一些饮料，你可以随便喝。另外，我还为你买了一些水果，有凤梨、苹果和奇异果。

游客：谢谢你，你想得真周到！

主人：还有，这个柜子里有很多速食面，我怕你晚上饿。想吃宵夜的话，你可以加蛋和青菜。

游客：垃圾放在哪里呢？

主人：放到塑胶袋里，绿色、蓝色、红色、黄色和黑色五个垃圾桶在门外边。不可回收的垃圾放到黑色的桶里。其他可回收的放在不同颜色的桶里。

游客：我怎么才知道可回收垃圾放到哪个桶里啊？

主人：很容易，纸放到蓝桶里面，塑胶放到红桶里面，桶的外面都贴有指示信息。

游客：明白了。这里交通方便吗？

主人：交通非常便利，一出大门，左边就是公车站，到轻轨站走路只要五分钟。对了，如果你想锻炼身体，还有单车。

游客：真的是太方便了，我真幸运！

主人：差点儿忘记了，房间的网络是免费的，密码是六个八。

游客：好容易记，八是我们的幸运数字。

主人：你有我的电话，需要什么就打给我。

游客：谢谢你来接我，还给我介绍了这么多东西。

主人：不用客气。早点儿休息，明天见！

53 我们长大了

情境：老师准备放一个电视节目给学生看。

老师：今天我们一起来看一个好玩儿的电视节目，叫《我们长大了》。

学生：这是什么节目？

老师：这是一个真人秀，每一期都有来自三个家庭的几个小朋友完成一个任务。

学生：几个小朋友啊？他们都是什么人？

老师：有三对，也就是说六个。他们是姐弟，兄妹，还有一对双胞胎姐妹。

学生：听起来也没有什么意思啊！

老师：等你看了，你一定会喜欢他们的。他们都太可爱了！

老师：还有六个成年人，都是名人，他们需要根据孩子遇到的困难猜出孩子会选哪个方案解决。节目里会有三种解决方案，如果猜的和孩子做的不一样，就要受到惩罚。

学生：什么样的惩罚呢？

老师：惩罚有很多类型，比如把最丑的照片发到网上。

学生：这也太刺激了吧？

老师：是的，很难猜的。

学生：那我们一起看看吧！

老师：好的，大家尽量听中文，看看你们能听懂多少。

学生：如果我们听不懂怎么办？

老师：没问题，你们可以看孩子们的表演。等一会儿我会重新放一遍。

学生：好，我们尽量听中文，听不懂的就猜。

老师：很棒！加油！

54 你选了哪些科目

情境：两个朋友在谈论今年选了什么科目。

元元：大卫，你这学期选了哪几门课？

大卫：我选了五门课，分别是英语、历史、化学、音乐和会计。你选了哪些课，元元？

元元：我也选了历史、化学和英语，另外还选了美术和体育。

大卫：太好了！

元元：你为什么没有选经济学？

大卫：我听说经济学老师很严厉，对学生特别严格。

元元：我也听说了。你为什么选了音乐？你以后上大学想读音乐专业吗？

大卫：不一定。我从小就喜欢音乐，三岁就开始学钢琴了。

元元：难怪你的钢琴弹得那么好。练钢琴很无聊吧？

大卫：开始的时候觉得挺无聊的，后来越来越喜欢弹，就觉得很有意思了。对了，你为什么选美术？

元元：我从小就不喜欢音乐，可是我喜欢画画儿。我四岁的时候就可以每天花一个小时画画儿。

大卫：你很厉害啊！你喜欢油画还是水彩画？

元元：我最喜欢国画。因为我爸爸是一名国画画家，他画的花鸟鱼虫像真的一样。

大卫：那你毕业以后想读美术学院吗？

元元：不会，我还是最喜欢历史，我会读历史专业。

大卫：看来我们把音乐和美术都当成自己的爱好了。

元元：是的。

大卫：我们一起加油！

55 高铁真便捷

情境：马龙在谈论他坐高铁出行的经历。

朋友们：

你们好！

我叫马龙，今天给大家讲讲我在中国坐高铁的经历。

首先，在中国坐高铁最开心的是中国人把高铁变成了一个家，大家互相打招呼，大包小包的东西打开一起吃，大家在一起聊天儿。

其次，高铁上的乘客来自五湖四海，有北京人、上海人、香港人，还有不少外国人。高铁上的服务员也很热情，他们送茶、送水，照顾老人和儿童。

最后，中国的高铁快捷、安全，又便宜。因此，我建议大家在中国多坐高铁。现在，中国的高铁很发达，可以通往很多城市。高铁速度快，也不太贵，所以越来越多的人喜欢坐高铁出行了。

谢谢大家！

56 我们骑共享单车进城吧

情境：两个好朋友讨论怎么去市中心。

小王：小李，你等会儿去市中心吗？

小李：是啊。我想去市政大厅参观一下，今天是他们的开放日。

小王：我知道。今天去的人一定很多。你打算怎么去？

小李：我肯定不开车去，那里停车不方便，而且还收费。可我也不想坐电车去。市政大厅离我家不是太远。

小王：我知道，你会骑共享单车去，对吧？

小李：对，我家小区外面停放了好多这样的自行车，现在有好几个公司做共享单车。每家公司的单车颜色不同。而且到处有单车停放处，可方便了。

小王：是啊，真方便！还能锻炼身体呢。骑共享单车免费吗？

小李：不免费，但是不贵。一小时才一块五。

小王：要怎么租呢？

小李：下载一个手机软件，扫一下二维码，车锁就开了。

小王：这么容易啊，我一直以为需要办理特殊手续，所以还没有骑过呢。

小李：那你今天跟我一起骑共享自行车去市中心吧！

小王：不过，我还没有下载手机软件。

小李：没事儿，我一次可以租三辆呢。

小王：真的啊，那我就跟你去，见识一下共享单车。

小李：小王你会骑自行车吧？

小王：你说呢？你不会觉得我那么笨，连自行车都不会骑吧？

小李：哈哈，那就好。咱们走吧。

57 我看了《女篮5号》

情境：一个人在讲她和奶奶一起做了什么。

姐姐：

你好！

今天我和奶奶一起看了一部中国的老电影《女篮 5 号》，这部电影是 1957 年拍的，曾经获得第六届世界青年联欢节国际电影节和墨西哥国际电影节银奖。

你知道，奶奶年轻的时候也打过篮球，所以她很喜欢这部电影。这部电影讲的是女篮运动员母女的故事，反映了不同时代运动员的不同命运。

我也喜欢这部电影，因为它的题材是一部体育故事片，里面的歌曲非常优美，演员的表演也很出色。但是，有一点我不满意，那就是电影没有英文字幕，有些地方我听不懂。不过，奶奶给我当了翻译，所以我基本上也都看懂了。奶奶说，等你回国的时候，她还会跟你再看一次呢。

妹妹小丽

58 三国游戏

情境：阿伦问小宋关于新游戏的一些情况。

阿伦：小宋，最近在玩儿什么游戏呢？

小宋：我最近在玩儿《三国》这个游戏，阿伦。玩儿三国游戏不仅可以学习中文，还可以了解中国历史。

阿伦：太好了！你在哪儿买的这个游戏？

小宋：不是我买的，是我舅舅买的，然后请朋友从上海带来的。

阿伦：你真幸运。对了，能借给我玩儿玩儿吗？

小宋：你也会玩儿？

阿伦：我不会。我只是想看看这个游戏到底是什么样儿的。

小宋：我说呢，借给你也没有用，因为你看不懂游戏里的中文解说。这样吧，周末你来我家，我教你怎么玩儿。

阿伦：太好了，谢谢你！难学吗？

小宋：不难。不过，你的中文水平可能需要我这个翻译。

阿伦：我一直在努力学中文呢。

小宋：我知道，所以我才请你来我家玩儿三国游戏啊。

阿伦：我需要做什么准备吗？

小宋：不需要，到时侯来我家就行了。

59 我想去旅游

情境：一个人去旅行社询问机票信息。

A：你好，我想在寒假的时候出国旅游，今天来看看机票。

B：请坐。你想去哪里？

A：我准备从悉尼出发，经过香港、上海，到北京。

B：你打算自己去还是跟旅行团去？

A：我打算自己去。

B：好的，你出国的手续办好了吗？

A：办好了，我今天拿到了签证，所以来你们旅行社订机票。

B：明白了。你打算几号出发？

A：下个月八号。

B：一共要旅行多少天？

A：大约两个星期。

B：你几号回来？

A：二十二号左右，看机票的价格再决定。

B：你的线路是从悉尼飞到香港，然后去上海，再去北京，最后再回到悉尼，对吗？

A：对。我在香港待两天，在上海需要待三天左右。

B：这样啊，你不考虑从上海坐高铁去北京吗？现在高铁很方便，价格不高，也很快，而且有很多班次。

A：如果我坐高铁从上海到北京，是不是可以省一些钱？

B：我看一下……对！可以省两百元。

A：那我就坐高铁从上海去北京吧。

B：好。中国民航还有空位，下午三点离开悉尼，回来的时候下午四点一刻离开北京。价钱不贵，一共才一千六百元。

A：三点离开悉尼，几点到香港？

B：当地时间下午五点多到香港。两天后，你早上八点钟从香港飞上海。

A：听起来不错。那我就订中国民航的机票吧。

B：好！对了，需要我帮你订从上海到北京的高铁票吗？

A：不用了，我不知道几点离开上海，反正去北京的火车很多。

B：对，那你记得自己到了上海以后就买高铁票。

A：嗯，知道了，谢谢你！

B：不客气。

60 澳门蛋挞

情境：一名游客在澳门问路人关于蛋挞店的信息。

A：你好，我听说澳门的葡式蛋挞非常有名，也非常好吃。你知道哪个店的最好吗？

B：这个问题问得好。澳门有两家有名的蛋挞店，一个叫“安德鲁蛋挞”，另一个叫“玛嘉烈蛋挞”，都很好吃。

A：很有意思啊，一个是男人的名字，一个是女人的名字。

B：你说对了！他们俩以前还是夫妻呢。

A：真的吗？这里面一定有故事吧？你可以给我讲讲吗？

B：安德鲁是英国人，他 1979 年来到澳门工作，是一个制药厂的经理。

A：那他怎么会开始做蛋挞呢？

B：他在这里遇到了中国姑娘玛嘉烈，他们相爱了。他决定留在澳门，于是在澳门开了一间饼店。

A：那时候他们的饼店就卖蛋挞了吗？

B：没有，开始的时候只卖西式面包。

A：那他们怎么想到要卖蛋挞的呢？

B：他们去旅游的时候，吃到了一种蛋挞，玛嘉烈非常喜欢，安德鲁就决定研究怎么制作蛋挞。他试验了很多次，终于研制出了美味的蛋挞。

A：他试验了多少次啊？

B：第五次的时候，他加上了奶油和焦糖，终于成功了。他非常高兴，并用自己的名字命名饼店，就有了“安德鲁蛋挞”。

A：那怎么会有玛嘉烈蛋挞呢？

B：安德鲁很喜欢每天自己慢慢地做蛋挞，不想跟别的大公司合作。可是，玛嘉烈非常想扩大饼店，所以，她就离开了安德鲁，自己开了一个更大的店，叫“玛嘉烈蛋挞”。她还把配方卖给了 KFC，这样全世界的人就都可以尝到澳门蛋挞了。

A：听你的介绍，我都不知道去哪个店买好了。

B：其实不难办，你每个店都买一份，尝一尝，比较一下。

A：跑两个店，有点儿麻烦啊。

B：不麻烦。你看，这边是安德鲁蛋挞，马路对面就是玛嘉烈蛋挞。

A：真有意思！我一定两个店都去一下。谢谢你的介绍！

B：不客气，希望你喜欢澳门蛋挞。

第四部分　社会组织

61 世博会志愿者招募

情境：两个大学生在谈论怎么成为志愿者。

A：小李，现在上海世博会正在招志愿者，你知道有什么条件吗？

B：我刚刚看了世博会的网站，上面说十八岁以上、会外语的人都可以报名。

A：会什么外语都行吗？

B：是啊。不过，他们特别需要会西班牙语、阿拉伯语和韩语的志愿者。

A：真的啊？太好了！我上大学的时候第二外语学的就是西班牙语，应该有优势吧？

B：是啊，你会说中文、英文，还有西班牙语，真的好厉害！快点儿去报名吧！

A：上哪儿报名呢？

B：你可以通过上海世博会的网络系统报名，在网上填写申请表。

A：你知道他们会为志愿者提供什么福利吗？

B：你看一下就知道了。据我了解，他们会为志愿者提供来回机票、保险、住宿和餐饮。

A：真是太好了！我马上就去报名。

B：祝你成功！

A：谢谢！

62 我们可爱的学校

情境：十二年级的学生在给七年级新生介绍学校。

各位新同学，欢迎你们来到学校！咱们的学校像一座花园。一走进校园，你会看到一个大水池，里面有很多金鱼；教学楼旁边有各种各样的雕像；图书馆外面有一个亭子，大家可以在亭子里读书。

你们看，咱们的教室也很有特色，同学们把自己最喜爱的花拿来装扮教室，用自己喜爱的作品，比如剪纸、书法、图画、照片来布置教室。

学校是一个可爱的大家庭，老师就像我们的爸爸妈妈一样，他们关心我们的生活和学习；同学之间也像兄弟姐妹一样，大家互相帮助。如果你有任何问题，可以去问老师，也可以问同学，他们都会热情地帮助你。

这是咱们的餐厅，每天课间休息和午饭的时间都开门营业。你可以在这里买到很多好吃的。学校提供的午饭很丰富，有中餐、西餐和东南亚特色美食。如果你想吃寿司的话，为了保证食物新鲜，需要提前预订。相信一定会有你喜欢吃的。餐厅内的食物价格不太贵，不过不收现金，扫学生证就行了。所以一定要把你们的学生证准备好。

63 我需要办一张图书证

情境：一个中国留学生打电话问他的好朋友怎么办图书证。

小刘：皮特，今天是星期天，你打算做什么？

皮特：我要在图书馆做作业。你呢？小刘？

小刘：我想去唐人街买东西。咱们晚上去看中国电影，好吗？

皮特：你也来图书馆吧，你的图书证办好了吗？

小刘：还没有呢。对了，我正想问你，怎么办理？

皮特：你需要带上你的护照，还有水电费账单。

小刘：这么麻烦啊！还需要什么吗？

皮特：不麻烦！因为图书馆需要知道你的住址，水电费账单上面有。

小刘：原来如此。对了，办好了图书证，一次可以借几本书？

皮特：一次可以借十本书、两本杂志和五张光盘。

小刘：除了借书，图书证还有别的用处吗？

皮特：当然有。用图书证可以在图书馆上网，在校外还可以当身份证用。

小刘：太好了。谢谢！

皮特：那你现在就去图书馆吧，办好了图书证，借几本书。我在那里做作业，中午我们一起去唐人街。

小刘：这个安排很好。你几点到图书馆？

皮特：我已经在图书馆了，来了快一个小时了。

小刘：好，我马上就去，你等我。

皮特：没问题，我等着中午去吃北京烤鸭呢。

小刘：好，我请客。

64 水果怎么卖

情境：一个顾客在水果店购买水果。

A：请问，苹果怎么卖？

B：六块八一公斤。您来一公斤吧？

A：不用，半公斤就行了。有西瓜吗？我上次买的不太好。

B：我来帮您挑，一定好。

A：那太好了！麻烦你算一下一共多少钱。

B：一共二十三块八毛。

A：不好意思，我没带现金，可以用微信吗？

B：没问题。扫这个码就好了。

A：二十三块八，付好了。

B：谢谢了。

A：等一下。

B：怎么了？有什么问题吗？

A：没有，我老婆让我买草莓，我忘记了。你们这儿有草莓吗？

B：有啊，你看，又大又甜，今天到的货，非常新鲜。

A：怎么卖的？

B：一盒六块，两盒十块。来两盒吧！

A：我看看。挺好的，给我拿四盒。

B：好的。

A：给你，一共二十块。

B：你再扫一次吧！

65 什么时候考试

情境：保罗正在问珍妮关于考试的问题。

保罗：你知道物理作业什么时候交吗？

珍妮：老师说下个星期一上午第三节课上课的时候。

保罗：那什么时候考试呢？

珍妮：我看一下，下个星期五下午，第五、第六节课考试。

保罗：天啊，这么快就要考试了。

珍妮：这算什么啊，我这个星期天天都有考试。

保罗：不会吧！

珍妮：星期一英文，星期二数学，星期三化学。

保罗：停，停，停！我相信你。也不知道老师是怎么想的。

珍妮：每个老师都觉得自己的科目很重要，都希望学生好好儿复习。

保罗：的确是。

珍妮：你想想，咱们都什么时候复习啊？

保罗：考试前一定会复习。

珍妮：对啊，所以老师就利用考试来让我们复习。

保罗：你怕不怕考试啊？

珍妮：开始的时候很怕，后来考试太多了，也就不怕了。

保罗：我还是怕，考试前一晚我都很紧张，睡不着觉。

珍妮：别这样啊，如果睡觉睡不好，第二天肯定困，影响考试。

保罗：没办法，我真的紧张得要命。你是怎么办的？

珍妮：我每次考试前都会告诉自己，尽量去考就可以了，最坏的结果就是不及格。

保罗：你每次都考得很好啊。

珍妮：因为我比较放松，所以考试的时候就可以专心答题了。

保罗：我得向你学习。

66 小丽新买了苹果电脑

情境：两个好朋友在谈论苹果电脑。

小刚：小丽，听说你买了一台苹果电脑，是吗？

小丽：是啊，小刚。苹果电脑的画图功能强大，多媒体功能也很好，其他电脑都比不上。

小刚：我听说苹果电脑安全性也挺高的，其他电脑经常会中毒。

小丽：是的，这也是我买苹果电脑的原因之一。

小刚：不过，苹果电脑好像比别的电脑贵不少。

小丽：贵是贵一点儿，但是质量比其他电脑好，我觉得很值得。

小刚：还有，苹果电脑充电器什么的都是自己特有的，很不方便。

小丽：那叫有自己的特色。其实，我也希望苹果电脑能像其他电脑那样，可以用一样的充电器。

小刚：哈哈哈哈，原来你也是这么想的啊！

小丽：可不是嘛，不过苹果电脑真的挺好的！虽然我还不习惯，跟以前用的系统不太一样。

小刚：用用就好了。那你原来的那台电脑呢？

小丽：我把它送给堂弟了。

67 毕业以后的打算

情境：中文课上，两个学生在谈论毕业以后做什么。

玛丽：皮特，你中学毕业以后有什么打算？

皮特：我想去上烹饪学校，学做饭，将来当一名厨师。

玛丽：你为什么想当厨师？

皮特：当厨师可以品尝世界各地的美食，还可以创造自己的菜谱。当然了，最主要的原因是我特别喜欢吃。玛丽，你呢？

玛丽：我以后想做空姐，可以有机会到世界各地看看。

皮特：当空姐好像很累的，你不怕吗？

玛丽：干什么工作都会很辛苦的。

皮特：也对，如果干自己喜欢的工作就不会那么累吧！

玛丽：我爸爸也这么说过，找一个自己喜欢的工作很重要。

皮特：我喜欢做饭，喜欢吃好吃的东西，所以当厨师最合适了。

玛丽：嗯，我喜欢旅游，喜欢学习不同国家的文化，我还会两门外语，所以当空姐也很合适。

皮特：那就祝你成功！

玛丽：也祝你好运！

68 欢迎新邻居

情境：新邻居刚搬来，旁边的邻居过来欢迎他们。

A：谁啊？

B：是我，欢迎你搬过来。我是你的邻居。这是送给你们的蛋糕。

A：谢谢，谢谢！请坐！

B：你们是从哪里搬过来的啊？

A：我们是从市东边搬过来的。

B：为什么会搬到这边来？

A：还不是为了孩子上学方便嘛。这边不是有一个有名的学校吗？

B：对，这边的小学是非常有名的。你家有几个孩子啊？

A：两个，今年都去这个小学上学。

B：这样搬家很值得的。周围环境你熟悉吗？

A：还不太熟悉。这附近有没有超市？

B：有，咱们房子的后面走路五分钟就有一个大超市。旁边还有一个电影院。

A：太好了！

B：往东边走路大约十分钟还有一个菜场，离这里不远。那里的菜又新鲜又便宜。

A：太好了！这些信息太有用、太重要了！

B：不用客气，有什么问题就来问我，咱们是邻居，要互相帮助。

A：嗯，谢谢！如果我有问题一定去问你。对了，等下我去超市，你需要我帮你买什么东西吗？

B：不用了。我也得走了，再次欢迎你搬到我们这里。

A：谢谢你来看我们，谢谢你的蛋糕。以后常来玩儿啊！

B：一定，一定，再见！

A：不送啦！

69 社区托管服务

情境：社区服务站正在介绍托管服务。

各位居民，我们社区服务站最近新增加了一项服务，为那些不能按时接孩子的家长提供学生托管服务。我们的托管服务由专门的老师负责，学生们做作业的时候，如果遇到问题，老师可以帮助他们。如果家长回来得太晚，社区服务站有食堂，学生们可以在食堂吃晚饭。服务中心最迟晚上十点关门。服务费用合理，每个月一千五百元。欢迎有需要的居民直接来服务站咨询、报名。

70 我的游学经历

情境：王同学在介绍自己的中国游学经历。

同学们：

你们好！

我叫王小同，今年上十年级。因为我在作文征文比赛中获得了第一名，所以应邀参加了为期十天的上海—杭州游学团。在中国，我不仅练习了我的中文，还吃到了很多课本上学到的好吃的中国菜，比如北京烤鸭、麻婆豆腐、烤串和饺子。另外，我还参观了很多名胜古迹。在上海，我们在南京路买东西，看东方明珠电视塔，还参观了一所有名的中学。在杭州，我们在西湖划船，买了很多中国画。通过这次游学，我对中国文化有了一些新的认识和了解，更觉得学习中文太有用、太重要了。

这次游学，让我难忘的事情还有很多。今天我要跟大家说一下中国学生的中学生活。有很多学生他们每天早上七点半就到学校了，然后上早自习。一天要上很多节课，下午五点才放学回家。放学后，他们的课外活动不多。回到家之后要完成老师布置的作业。有的同学吃完晚饭以后还需要去上晚自习。他们告诉我，他们的压力太大了，通过高考是他们的目标，因为只有高考考得好才能上好大学，毕业后找到好工作。我用视频记录了他们的一天，如果你感兴趣，欢迎联系我。

游学回来，我真觉得我们太幸运了！

谢谢大家！

71 开业大吉

情境：商店新开张，正在播放促销广播。

各位顾客，欢迎光临本店。今天是本店开业的第一天，新开业期间，所有商品都打折。消费满五百元，享受十公里内免费送货服务。另外，凡在本店购物均有礼物赠送，请大家保留好收据，到服务台领取礼物，先到先得，送完为止。为了庆祝开业，今天各个牌子的洗发液都是半价，雨伞和雨衣打两折，男女服装四折，玩具六折。祝您购物愉快！

72 梅梅家怎么走

情境：冬冬要到梅梅家去玩儿。

梅梅：冬冬，你现在在哪儿？

冬冬：梅梅，我刚下公共汽车，现在在百货商场前面的广场上。

梅梅：你什么时候能到我家？

冬冬：我十分钟以后就可以走到你家了。

梅梅：好的。

冬冬：我现在有点儿迷路了，不知道往哪个方向拐了。

梅梅：你那边有什么建筑？

冬冬：我的对面是中国银行。

梅梅：中国银行网点很多，除了银行，还有什么？

冬冬：我看看……对了，银行旁边有一个大超市，叫家乐福。

梅梅：也不行，家乐福也有好几个呢！

冬冬：等等，我的右边有一个电影院。

梅梅：也没有用。你看看有什么特别的建筑物或者广告牌。

冬冬：我的左手边有一个酒家，叫广州酒家。

梅梅：哦，太好了。你现在正对着广州酒家，然后往前走。

冬冬：好，广州酒家在我的对面，我朝着酒家方向走了。

梅梅：你看到红绿灯了吗？

冬冬：看到了。然后怎么走？

梅梅：向左转。走五分钟，就要到我家的小区了。我在门口接你。

冬冬：好的。还需要转弯吗？

梅梅：不需要了，一直往前走，你就会看到“明月小区”几个字。我在那里等你。

冬冬：好，等会儿见。

梅梅：好。

73 姐姐，你去帮我开家长会吧

情境：弟弟请求姐姐去参加他的家长会。

弟弟：姐姐，求你一件事！你一定要帮我。

姐姐：什么事啊？你从来没有这样求过我。

弟弟：其实也不是什么大事，不过你最合适。

姐姐：说给我听听，我再决定帮还是不帮你！

弟弟：姐姐，今天晚上六点半学校开家长会，你去一下行吗？

姐姐：为什么让我去？我又不是你的家长。

弟弟：可是爸爸妈妈不懂英文，去了也听不懂。

姐姐：我或者你可以给他们当翻译啊！

弟弟：不行，不行，太麻烦了。

姐姐：告诉我，你是不是不想让他们去家长会？

弟弟：这个……也不全是。

姐姐：你是不是有的科目考得不好，老师对你有意见啊？

弟弟：除了化学以外，数学、地理、生物都还可以，就是化学老师可能对我的成绩有点儿失望。

姐姐：什么？你的化学老师也教过我，很严格的。你死定了！

弟弟：所以，求求你去帮我开家长会吧！

姐姐：我的天啊，我得好好儿想想。

弟弟：你不用想，你在学校的时候，化学学得最好，老师也最喜欢你了。

姐姐：就是因为这个我才不太想去帮你开家长会呢！

弟弟：你好好儿想想，求你了。

74 这里不能停车

情境：小王停车停错了地方，警察来找他。

警察：先生，这是你的车吗？

小王：是我的，怎么了？

警察：这个街道两边不能停车，你看一下旁边的标志，禁止停车！

小王：哎呀！真对不起，我没有看见。

警察：说对不起已经晚了，你需要交罚款。

小王：我马上把车开走。别罚了吧？

警察：这可不行。规则就是规则。你看看，你都停了两个多小时了，按照规定要罚款三百元。

小王：这么多啊！我真的没有看到标志。能不能少罚一点儿啊？

警察：这里不是自由市场，不能讲价还价的。

小王：可是，我真的没有看到标志，只看到有车停在那边，我以为这里可以停车的。

警察：那些车是残疾人的车，他们可以停在那里。

小王：真的对不起，我下次就知道了。

警察：你态度挺好的，这是你第一次在这里停车吗？

小王：是啊，我真的没有看到标志，最主要是我刚移民到这里，很多东西还不熟悉。

警察：哦，原来是这样，你来这里多久了？

小王：才两个月。

警察：时间是很短。不过，不罚款不行。这样吧，你交一百元吧，需要给你一个教训。

小王：太感谢了！我现在给你现金吧。

警察：我不直接收罚款，这是罚款单，你需要去便利店交钱。

小王：好的，太谢谢你了！

75 去花园做义工

情境：阿伟跟李天谈论他妈妈当义工学英文的经历。

阿伟：李天，你们移民来加拿大多久了？

李天：才三个多月。正在努力适应呢。真的不容易。

阿伟：你的英文很不错，学习也很努力。为什么说不容易？

李天：我说的是我妈妈。她的英文不好，也找不到工作，所以每天都不开心。

阿伟：我妈妈当年来的时候也是这样，可是后来她去一个花园当了义工，就不觉得无聊了。

李天：是吗？快跟我说说你妈妈在花园做义工的经历。

阿伟：我妈妈每个星期三去我家附近的花园。在那里，她和其他义工一起工作，一边聊天儿，一边种花、浇水。

李天：她觉得在那里做义工怎么样？

阿伟：她非常喜欢。通过聊天儿，她的英语进步了很多。最开心的是，她有问题，别人会耐心地回答。比如她有些英语单词不懂，其他义工就把词语写下来，然后教她怎么说。

李天：这真是一个练习英语的好方法。还有别的好处吗？

阿伟：有，义工们经常告诉她一些有用的信息，比如哪个学校好，哪里的东西物美价廉。当然，最重要的是，她在那里种花，学到了很多知识，看到花开了，觉得特别开心，人都变得更快乐了。

李天：听起来真好，怎么才能去那里做义工呢？

阿伟：很简单，只要你有时间，愿意去，我可以介绍她去，填一张表就行了。

李天：太好了，我这就打电话告诉我妈妈。

阿伟：明天就是星期三，如果你妈妈想去，我可以让我妈妈去你家接她，然后一起去。

李天：太谢谢你了，阿伟！我妈妈一定会去的。

76 公园马上要关门了

情境：广播通知公园快关门了。

各位游客请注意，现在已经是晚上十点一刻了，我们公园再过十五分钟就要关门了。现在公园的其他门已经关了，请大家从西门出去。谢谢合作！天已经黑了，请大家注意安全。如果迷路了，请拨打电话8369541，跟公园管理处联系，我们会派保安帮助你。

77 你暑假去哪儿打工

情境：两个学生在谈论暑假打工的事情。

小杨：小张，你假期打算去哪儿打工？

小张：我打算去农场摘苹果，小杨。

小杨：为什么要去农场打工？

小张：我想看看新西兰的果园和农场是什么样的，同时这也是提高英语的好机会。

小杨：你是留学签证，可以假期打工吗？

小张：我问了移民局，我的留学签证是可以打工的，但是假期里一个星期不能超过三十个小时，平时每周不可以超过十八个小时。

小杨：听起来还不错，你平时学习很忙，的确不能花太长时间打工。

小张：你打工吗？

小杨：我也打，我平时在一家咖啡厅打工。

小张：你觉得在咖啡厅打工怎么样？

小杨：总的来说还是不错的，不过晚上的时候太吵了。另外，有的客人还吸烟。

小张：我知道你最讨厌别人吸烟了，那怎么办啊？

小杨：没有别的办法，只有尽量不去抽烟区。

小张：那你的老板允许吗？

小杨：我跟他说了，我有哮喘，不能闻烟味儿，他明白。

小张：那你很幸运。对了，这个暑假你跟我一起去打工吧。那里蓝天白云，空气新鲜，也没有污染，多好啊！

小杨：哎，可是我怕晒，我不想自己变黑。

小张：你真有意思，在这里生活还怕黑。这里不是以黑为美吗？

小杨：是，可是我怕得皮肤癌。

小张：不用那么紧张吧。

小杨：我还是继续在咖啡馆打工吧，祝你好运！

小张：嘻嘻，谢谢了！

78 打车去看双子塔

情境：吉隆坡酒店门口，一个人上了出租车。

A：师傅，去双子塔。大概多长时间？

B：如果堵车的话，时间就说不准。现在的交通状况，到那边应该需要半个小时左右。

A：谢谢。我需要在三点半以前回到酒店，时间够吗？

B：啊？你为什么要那个时候回来？回来的时候是下班高峰期，打车都不容易的。

A：是吗？可是这是我第三次来吉隆坡了，以前从来都没有时间去看一下双子塔。怎么办呢？

B：你这次来吉隆坡做什么？是做生意还是旅游？

A：我这次来开会，下午四点就开会，我真的想去双子塔看看，要不太遗憾了。

B：双子塔是吉隆坡的著名景点，值得去看看。不过，现在都一点半了，时间太短了，可能来不及了。

A：麻烦你帮我想一想，怎么可以最快到双子塔。

B：可以走高速，应该没有大问题。但是你回来的时候，很难叫到出租车的。这个时间，有可能需要等一个小时，还需要看你的运气。

A：师傅，我怎么这么倒霉呢！我以为这次可以看到双子塔了呢。

B：不要着急，你看这样好不好？我们到了双子塔，你去那里照几张照片，我把车停在停车场，等你十分钟，行吗？

A：真的啊？太感谢你了！

B：可惜你只有十分钟，只能照几张照片。

A：已经很好了，我可以跟朋友们说我去过双子塔了！

B：你看，从这里都可以看到双子塔了！

A：是哦，双子塔，我来啦！

79 你想学哪个专业

情境：两个十二年级的学生在谈论明天去做什么。

麦克：凯西，明天伦敦大学开放日，你去吗？

凯西：我去。你想去看什么，麦克？

麦克：我想问一下会计专业的课程，你呢？

凯西：我想了解一下环保专业的录取分数线。咱们一起去，好吗？

麦克：好啊。你想学环保专业？为什么？

凯西：你看看，现在全球环境污染问题多么严重，很多环保问题需要我们解决。我想学这个专业，今后为环境保护做一些贡献。

麦克：的确是，保护环境，人人有责，每个人都应该为环境保护做出努力。

凯西：同意你说的。你为什么选会计专业？

麦克：我从小就对数学和数字感兴趣。

凯西：现在人工智能的发展太快了，我昨天看了一篇文章说，会计的很多工作都会被机器人替代。

麦克：真的啊？不会这么快吧！

凯西：很难说，你看看现在，科技发展速度多快啊！

麦克：那我得好好儿想一想了。我不希望毕业后找不到工作。

凯西：是要好好儿想一想。和机器人抢工作挺难的。

麦克：真让人头疼。

凯西：没事，我们明天跟教授好好儿谈一谈。

麦克：也只能这样了。

凯西：明天你来我家，我们一起去大学，好吗？

麦克：好的。我早上九点去找你，然后咱们坐电车去。

80 面试

情境：一个女学生去参加暑期工作的面试。

A：您好！我前天收到您的电邮，让我今天上午十点来面试。

B：是的，我们登过一个广告，我们想招聘一名短期秘书。

A：是的，我叫王小红。我来申请秘书职位。

B：请坐，我们正等着你呢。你为什么对这份工作感兴趣呢？

A：我是一个高中生，第一，刚好学校放两个半月的暑假，这个时间正好和秘书的工作时间相同。第二，更重要的是，我想用我的专长和经验为您的公司服务。当然，在工作中，我还可以学到一些新的知识。

B：你有什么专长？

A：我的语言专长是中文、英文都很好，听说读写都没有问题。另外，我喜欢跟人沟通，大家都很喜欢我的性格。

B：你觉得自己有什么缺点？

A：每个人都有缺点。我的缺点是说中文的时候有口音，有些词发音不太好。不过，我一直在努力学习中文。

B：你为什么觉得自己适合当秘书？

A：我以前做过秘书工作，有一些经验。我是一个年轻人，身体健康，工作时间可早可晚，不会觉得累。

B：你做秘书的时候，都做了哪些工作？

A：接电话、收发信件、打印经理需要用的资料等等。当然，还泡茶、煮咖啡。

B：了解了。你有问题想问我吗？

A：我什么时候可以开始上班？

B：下个星期我会告诉你结果。如果你成功了，应该是下个星期四开始上班。

A：谢谢您！希望下个星期可以见到您。

B：谢谢你来参加面试。再见！

A：再见！

第五部分　共享地球

81 海边环保行动

情境：午饭时间，学校在播放通知。

各位同学，我们环境保护小组按计划本周六去大美沙滩拾垃圾。主要的垃圾是塑料袋、塑料瓶以及其他垃圾。欢迎同学们积极参加，更欢迎大家带家长和朋友来参加。我们早上八点在沙滩入口处集合。请大家务必带好手套、水和午餐。如果是晴天，会很热，除了带好防晒霜以外，请大家至少带两瓶水，以免中暑。活动将在下午四点半结束，结束以后有班车到学校，如果你不需要回学校，请在明天下午之前告诉学校办公室。谢谢大家！

82 水费和电费都很贵

情境：外边传来了敲门声。

A：（敲门……）有人在家吗？

B：谁啊？来了，来了。

A：查水表！

B：请进，请进。

A：等我一下，换个鞋。

B：不用，不用。

A：换一下，不麻烦，要不把厨房弄脏了。

B：这个月我们用了多少升水啊？

A：怎么回事，这个月你们用了很多水，比上个月多了二十升。

B：我想一想。对了，这个月天气干燥，我们用水浇花了。另外，我家来了几个亲戚，天天需要洗澡什么的。

A：有可能，不过，还是需要找人来看看，有没有漏水的地方。

B：嗯，好主意！我等下就打电话给管理处。

A：我先把这个月的水费账单给你，如果有问题，打电话给我。

B：好，谢谢你。对了，这个月电费多吗？

A：电费跟上个月的差不多。

B：那我就放心了。现在水、电都贵了，为什么？

A：因为水、电越来越少，所以就贵了，这也是为什么我们需要每家每户都节约用水、用电。

B：是的，这样可以节约资源，也可以不用付那么多的钱。

A：没错。我先走了，下个月见。

B：再见！

83 三八妇女节

情境：两个十二年级的学生在谈论三八妇女节。

玛丽：彼得，今天上课的时候，老师和我们讨论了男女平等的问题。

彼得：是吗？玛丽。这个话题很有意思。你们都讨论了什么？

玛丽：我们主要谈到了“三八国际妇女节”这个话题。

彼得：为什么会有三八妇女节这个节日？

玛丽：二十世纪初期，妇女要求平等的权利，所以她们就开始了一些游行。

彼得：都有哪些游行呢？

玛丽：有很多，比如1908年，有大约一万五千名妇女走上纽约街头，要求减少工作时间，增加工资，享有选举权。

彼得：她们是在不同的日子举行游行活动吗？

玛丽：开始的时候，没有固定的日子，但是很多活动都是在三月八号这天。

彼得：那三月八号作为妇女节是怎么来的呢？

玛丽：二十世纪初这一系列发生在欧洲和美洲的女权运动共同促进了三八国际妇女节的诞生。

彼得：明白了，现在很多国家都在三月八日庆祝妇女节，对吗？

玛丽：是的，中国政府是在1949年把三月八日定为法定节日的。

彼得：她们现在都怎么庆祝三八妇女节呢？

玛丽：在中国，三月八日那天，妇女只需要上半天班，下午就可以放假回家了。

彼得：很有意思！我们这里好像没有这样。我今天晚上回去问一下我妈妈。

玛丽：应该也有庆祝活动吧。

彼得：对了，你们上课还讨论了什么问题？

玛丽：好多，比如如何做到男女平等。

彼得：现在男女平等问题好像比以前好很多了吧？

玛丽：有进步，但是还没有真正做到男女平等。

彼得：的确是。不过我希望男女越来越平等。

玛丽：大家一起努力吧！

彼得：加油！

84 东京奥运会

情境：保罗和安娜在谈论东京奥运会。

安娜：保罗，2020 年东京夏季奥运会很快就要到了，你这方面知道的很多，我能问你几个问题吗？

保罗：没问题。有什么问题尽管问。

安娜：太好了。东京奥运会什么时候举行呢？

保罗：东京奥运会将在 2020 年 7 月 24 日到 8 月 9 日举行。

安娜：一共多少个项目？

保罗：大约三百二十四个项目。

安娜：那么多，比上一届多了一些项目。你知道有哪些新加的项目吗？

保罗：篮球三人对三人比赛、游泳八百米自由泳、山地自行车等几十个项目。

安娜：预计有多少个国家和地区会参加这次的奥运会啊？

保罗：两百零七个国家和地区。

安娜：那会有多少运动员参加东京奥运会呢？

保罗：会有一万两千多名运动员参加。

安娜：我真的想去看一看。

保罗：我想去当志愿者，或者去给中国队当翻译。

安娜：是哦，你懂日语、英语还有广东话，最主要的是你在日本上的大学。

保罗：对，我在日本东京大学留过四年学，对东京非常熟悉，当个导游也应该没有问题。

安娜：真不错。希望你可以如愿当一名志愿者。对了，如果让你选一个项目当翻译，你会选择哪个？

保罗：乒乓球、羽毛球、举重和跳水都可以。

安娜：哈哈，都是中国的优势项目。以往的奥运会上，这些项目经常拿金牌。

保罗：没错，我想给金牌运动队当翻译。

安娜：祝你好运！

85 今年的气候不太正常

情境：两个朋友在谈论气候变化的问题。

A：今年气候怎么这么怪，冬天特别冷，夏天又那么热！

B：是的，我记得去年夏天最热的一天气温才二十八度。今年可好，夏天刚开始，最高气温已经超过三十五度了。

A：真的好担心这样热下去我们怎么办。我花园里的花都快热死了。

B：是啊，好久没有下雨了，天气又热又干燥，花草树木都快死了。

A：也不知道气候为什么变成这样。

B：我听说这是全球变暖现象，跟我们不注意保护环境有关。

A：真的吗？现在超市不是开始严禁使用免费塑料袋了吗？

B：嗯，这只是环保的一部分。现在刚刚开始，需要时间才能看到结果。

A：说到塑料，昨天我看电视上说，现在海洋中鱼的身体里都有塑料了。

B：我也看了，还有的鱼因为塑料缠住了嘴巴，饿死了。

A：看样子，保护环境真的太重要了。

B：是的，我现在都尽量少用塑料，多用纸，不用一次性筷子。

A：纸也不要浪费，因为纸是由木头做成的。

B：好的。我得好好儿学习环保知识了。

A：我们都要好好儿学，地球只有一个，是我们的家园。

B：对！保护环境，人人有责。

86 慈善义卖会

情境：主持人在向大家介绍义卖会。

各位家长、老师们、同学们：

大家早上好！

欢迎光临本校一年一度的慈善义卖会，本次义卖会的目的是为泰国贫困山区的小学筹集善款。善款将用于资助当地贫困儿童的学业。

经过家长们的精心准备，今天的义卖会分为几个区域：

食物区在教学大楼的西边，你们可以品尝各国的美食和特色小吃。这些食物大都是来自不同国家的家长精心制作的，希望大家不要错过。

服装区在教学大楼的东边，里面有各种各样的服装，有新的，也有二手的。所有的服装都是学生们自己的衣服。为了献爱心，他们捐出了这些衣服。

游乐区在学校的操场。里面有很多有意思的活动，比如滑滑梯、人坐水桶等，每项活动只需要五块钱。

图书区在学校图书馆门口，请大家把准备好的图书放到桌子上。所有的图书都会送到泰国的小学图书馆。

现在要特别推荐美容体验区，里面的服务有画脸谱、涂指甲、染头发。这是目前孩子们最喜欢逛的地方。如果想变得更漂亮，请快点儿来这里看看，你绝对不会失望的。

到目前为止，我们已经筹集到一万八千块善款，虽然很多，但是离我们的五万块目标还有一定的距离，所以请大家继续加油，到不同的地方多看看，多多参与活动，多多买东西，为泰国的孩子们献出爱心。

最后，祝大家玩儿得开心！

87 节约能源，从我做起

情境：一位能源专家在电台谈节约能源的办法。

水和电都是我们日常生活中不可缺少的能源。要让能源不断地为人类服务，我们要在平时注意节约。那么，我们如何才能做到节约用电用水呢？

一、我们将窗帘打开让阳光照进来，增加室内的明亮度，就可以不用开灯。

二、家里的电源出门时全部关掉，可节省用电。

三、开水煮沸后，把开水机调到保温模式也可以省电。

四、洗完衣物后，利用自然风或阳光来晒干衣物，避免使用烘干机。

五、尽量不吹空调，如果要开空调，也要调到二十六度左右。

六、搭乘公共汽车或多骑脚踏车，少开私家车。

我们除了节约用电，也要节约用水。当然，很多时候我们都可以做到，比如洗米水可以用来洗碗，洗脸水可以用来冲洗厕所，洗水果的水可以用来浇花，洗衣服的水可以用来拖地，等等。

如果我们希望大自然变得更美好，可以呼吸到新鲜的空气，想听到虫鸣鸟叫声，想在大路上大步奔跑，可以看到稀有动物和植物，那么，一定要做到保护大自然，爱惜资源。节约用电与节约用水，希望不是随便讲讲的口号。大家一定要记得身体力行！

88 学区房

情境：一位新加坡家长在和房产中介谈论学区房。

王太太：你好，我是王太太，我们和房产中介约好看房子。

李　明：你好，我是李明，我就是房产中介的工作人员。听说你们对这个区的房子感兴趣？

王太太：是的，我的孩子后年要上小学一年级了，如果我住在这里，两年后，我的孩子就可以优先进南洋小学。南洋小学不是非常有名、特别难进嘛。另外，我租的房子要到期了，所以现在就得看看这里的房子。

李　明：这倒是个好主意。不过现在这类好学校的学区房非常贵，租金每个月都要八千块了，而且房子不是很大，只是两房一厅，大概六十五平方。

王太太：我知道好的学区房都不便宜，但是没有想到房价涨这么多。为什么啊？

李　明：今年上小学的孩子的人数增加了不少，大家都想来这个学校读书。另外，这个学校去年毕业的学生，87%都进了新加坡最好的初中。家长一听到这个消息，就开始对这边的房子感兴趣了，都想买这儿的房子。而房子数量有限，房价自然就涨上去了。租房的也是一样的情况。

王太太：嗯，家长都是望子成龙、望女成凤呀。我也一样。

李　明：我这里只有两套房子。这套房子空出来是因为他家的孩子今年上初中了，不需要住在这里了。

王太太：是吗？他们孩子去的学校怎么样？

李　明：当然好了，就是那个最有名的中学。

王太太：真的啊？说明房子的风水好。我看这套就不错。

李　明：你要不要再看看另外一套？

王太太：不用了，反正我一定要在这里住才行。我跟你回公司去谈价钱吧。

李　明：好，咱们一边走，一边聊。

王太太：对了，房东是哪国人？

李　明：马来西亚的，她的孩子学习很用功。

王太太：我希望我的女儿以后也可以上这个小学，也用功学习。

李　明：一定会的，你为了她，特意租这里的房子，她应该明白！

王太太：希望吧！

李　明：好，我们到公司了。请进！

89 种族和谐日

情境：新加坡《学生报》的记者正在采访一名学生。

今天是7月21日，是新加坡的种族和谐日。为此我们采访了来自新加坡中华中学的小多同学。

记者：小多同学，新加坡的种族和谐日为什么定在7月21日呢？

小多：1964年7月21日，穆斯林举办先知穆罕默德的诞辰纪念日大游行，引发了一起种族冲突事件。当时，有不少路人和旁观者被殴打，伤亡惨重。政府不得不实行戒严，并一直持续到8月2日。这次事件导致了23人死亡，454人受伤。为了避免种族冲突再次上演，新加坡政府就把每年的7月21日定为了种族和谐日。

记者：设定种族和谐日的目的是什么？

小多：提醒公民要团结一致，互相之间不分种族、语言和宗教，共同为新加坡做贡献。

记者：在新加坡，人们在种族和谐日都做什么？

小多：人们都说教育要从小孩子抓起，种族和谐日每年最热闹的地方也是在学校。这一天，学校会举办各种庆祝活动，还会鼓励学生们穿传统服装去上学。

记者：只能穿自己种族的衣服吗？

小多：当然不是啦，学生们除了穿自己种族的服装，也可以体验其他种族的服装！不过很多同学，不管他们有多满意自己的服装，一穿去学校，都觉得其他同学穿的比自己的好看！

记者：还有其他什么活动吗？

小多：除了在服装上体验各族文化以外，学校还准备了很多活动，比如各种族的传统游戏、传统美食、民族传统舞蹈等，这些活动都会让学生们更加了解彼此的文化。

记者：真的很棒，谢谢你！你今天穿的是哪个民族的服装啊？

小多：马来族的。

记者：很漂亮，谢谢你接受我的采访。

小多：不客气！

90 进城打工

情境：上海某电台的记者在采访一名打工者。

A：请问，你来上海前住在什么地方？

B：我住在江西的农村。

A：你为什么要离开农村来城里居住？

B：我听说城市容易找工作，工资高，生活水平也高。我希望来到上海，生活可以舒服一点儿。

A：是的，很多年轻人都离开了农村来上海打工挣钱。

B：不过，我没有上过大学，好的工作也不容易找到。

A：来这里后，你找到喜欢的工作了吗？

B：还没有，我做过服务员、快递员，还做过保安。

A：不要着急，慢慢儿找，一定可以找到的。你现在住在哪里？

B：我住在朋友的家里。房租太贵了，找到满意的房子太不容易了。

A：我有一个朋友正在找室友，你可以跟他联系一下。

B：太好了，怎么联系他？

A：这是他的微信，你加他，直接联系。

B：太感谢你了！

A：你觉得现在生活怎么样？

B：城市生活太紧张了，空气污染也严重，我已经病了好几次了。在农村的时候，我很少生病的。

A：那你喜欢农村还是城市？

B：我喜欢农村，但是我现在回不去了。因为我需要打工赚钱。

A：从农村到城市，一切都是重新开始，很不容易。希望一切都会变好。

B：嗯，我在努力。谢谢你帮我！

A：不用谢，今天的采访就到这儿。谢谢你，再见！

B：再见！

参考答案

第一部分 身份认同

1 大江的电话留言

（1）九月六号 （2）北京 （3）808 （4）（两盒）巧克力、（一瓶）红酒 （5）广州 （6）快递

2 王老师病了

（1）一起床 （2）感冒发烧 （3）去医院看病 （4）四节 （5）发电邮 （6）不确定

3 我家的快餐店

1. A、C、F、G
2. （1）购物中心 （2）早上六点半、晚上八点半
   （3）打扫卫生、清点收入、整理存货（任选两项）
3. （1）A （2）A （3）B

4 学做中国菜

1. （1）炒 （2）流行 （3）简单 （4）五 （5）关火
2. （1）两 （2）一 （3）三 （4）糖 （5）四

5 你属什么

（1）A （2）C （3）B （4）B （5）C

6 我买了一套纪念邮票

（1）B （2）A （3）C （4）B

7 来客人了

1.（1）B （2）A （3）B

2.（1）北京 （2）清华大学 （3）经理 （4）五十万美金 （5）出差

8 我的中国笔友

1.（1）十一年级 （2）北京 （3）学校 （4）在网上聊天儿时认识的

2.（1）B （2）C （3）A （4）A

9 我们庆祝一下吧

1.（1）A （2）B （3）A （4）B （5）C （6）B

2.（1）月月 （2）大卫 （3）丽丽 （4）月月 （5）丽丽

10 帮忙买午餐

1.（1）要开会 （2）客户太忙了 （3）辣的

2.（1）A （2）B （3）C

11 这里禁止吸烟

（1）B （2）C （3）A （4）A （5）C （6）C （7）B （8）A （9）C （10）A

12 给我介绍中国朋友吧

（1）高三 （2）英语 （3）没有 （4）打篮球 （5）交朋友 （6）马上 （7）四川火锅店 （8）辣的

13 小王怎么了

1.（1）a. 浑身无力 b. 拉肚子 c. 吃不下东西 （2）感冒 （3）一天三片

（4）三个小时喝一次 （5）不用 （6）三天后

2. B

14 有趣的中国方言

1.（1）面积、多 （2）普通话 （3）口音

2. A、C、D、F

15 买宠物

1.（1）金鱼 （2）热带鱼 （3）小猫 （4）小白兔

2.（1）鱼缸、鱼食 （2）花猫 （3）两百八十块

16 梨可以分着吃吗

（1）玛丽的爸爸妈妈 （2）太大了 （3）中国人 （4）不吉利

（5）分两次吃

17 他最近压力很大

1.（1）C （2）B （3）A （4）C （5）A （6）B （7）B

2. C、D、F、G

18 我们今天吵架了

1.（1）A （2）B （3）B

2.（1）妈妈 （2）妈妈 （3）丹丹 （4）丹丹 （5）妈妈 （6）丹丹

（7）妈妈 （8）丹丹

第二部分 经历体验

19 你喜欢什么流行歌曲

1.（1）C （2）C （3）A （4）B （5）B

2.（1）B （2）A （3）D （4）C

20 跟我一起去买书吧

（1）中文书店 （2）杂志 （3）流行 （4）毛笔、墨水 （5）太忙了

（6）火锅

21 庆祝结婚纪念日

1.（1）B （2）C

2.（1）哥哥 （2）姐姐 （3）我

22 欢迎订餐

1.（1）C （2）C （3）C （4）C

2.（1）顶级 八十九 （3）九

3.（1）打电话或者加微信 （2）上网 （3）发电邮

23 请帮我预订羽毛球场地

1.（1）C （2）C （3）A （4）C

2.（1）没有场地了 （2）刚吃了饭打球对身体不太好

3.（1）赵 （2）二十八块 （3）86790 （4）13986359621

24 去滑雪

1. A 、B 、D 、E

2.（1）教练 （2）滑雪服、滑雪板

25 中国文化节

（1）B （2）C （3）C （4）A （5）B

26 外国人在中国

1.（1）A （2）C （3）B （4）A （5）A （6）C （7）B （8）C

2. C、D、F、G

27 去企鹅岛旅游

1.（1）老李 （2）小王 （3）小明

2.（1）B （2）C （3）C （4）A （5）B （6）A

28 你来邮局做什么

1.（1）A （2）A

2.（1）a. 不赶时间 b. 划算 （2）集邮 （3）猴 （4）值很多钱 （5）十五套

29 墨尔本国际赛马节

1.（1）A （2）B （3）A （4）A （5）C （6）B （7）A （8）A

2. A、E、F

30 你可以帮我复习考试吗

（1）A （2）C （3）C （4）B （5）C （6）C

31 中文演讲比赛

1.（1）C （2）A （3）A

2.（1）a. 讲完 b. 不好 （2）长城、天安门、故宫

32 我们在学校集合

1.（1）星期六　（2）南海中学　（3）早上七点半　（4）坐车

（5）红色队服、白色球鞋、黑色运动外套　（6）披萨

2.（1）全体队员　（2）训练　（3）教练

33 看球赛

（1）A　（2）A　（3）B　（4）A　（5）C　（6）B

34 深圳世界之窗

1.（1）旅游景点　（2）比真的小很多　（3）在一个地方就可以看到那么多有意思的地方　（4）没有

2. A、D、E

35 买哪种月饼好呢

（1）中秋节　（2）二十八、四块　（3）不漂亮　（4）有一块大月饼，七块小月饼

（5）不一样　（6）一百九十九　（7）还没有

36 一个特大好消息

1.（1）B　（2）A　（3）A　（4）C

2. B、C、F

37 要开运动会了

1.（1）一次　（2）十月份　（3）不冷也不热　（4）香港大学的操场

（5）三项

2.（1）C　（2）B　（3）C　（4）A

38 来参加婚礼吧

1.（1）月月的姐姐 （2）下星期六 （3）中式婚礼

2.（1）一百八十八、吉利 （2）生活必需品 （3）不吉利 （4）蓝色

39 学开车，找教练

1.（1）十次 （2）包含 （3）七百五十块

2.（1）上个星期 （2）挺好的 （3）小兰和爸爸都太紧张了 （4）英语 （5）有耐心、教得好、长得帅 （6）一次课五十 （7）0452596805

40 你在哪里呢

（1）十一点 （2）上了地铁 （3）三十多分钟 （4）北面 （5）打开车灯 （6）邮局旁边 （7）没有停车位了

41 旅游胜地西湖

1.（1）49 （2）杭州市西湖区龙井路 1 号 （3）6.38 （4）5、1 （5）山 （6）100 多 （7）20 多

2.（1）60 多个 （2）免费 （3）跑步、散步 （4）晴朗 （5）看西湖的美景

42 一起去听京剧吧

1.（1）B （2）C （3）A

2.（1）（生、旦、净、丑）四种 （2）白色 （3）长大以后 （4）每个星期陪奶奶看一次京剧

3.（1）很多中国文化知识 （2）好孙子

第三部分 发明创造

43 买电话卡

1.（1）熊猫卡 （2）长城卡 （3）黄山卡

2.（1）C （2）C （3）B

44 我的网店

（1）C （2）C （3）B （4）B （5）C

45 愉快的旅行

1.（1）C （2）B （3）A

2.（1）设计与众不同 （2）白宫 （3）没有那么多钱

46 为什么午饭味道这么好

1.（1）C （2）C （3）C （4）A

2. 两、右边、菜谱、快、好吃

47 送货小能手

1.（1）C （2）A （3）C （4）C

2.（1）电梯、大厅 （2）一部手机 （3）旅游

48 请问这儿怎么去

1.（1）B （2）B （3）C （4）A

2. 开车、市中心、走路

49 飞机晚点了

1.（1）CA258 （2）北京 （3）上海 （4）八点半 （5）天气不好
（6）未定 （7）12号 （8）21号

2.（1）候机室 （2）感谢

50 精彩的音乐会

1.（1）B （2）B （3）C （4）B （5）A （6）B （7）B （8）B

2.（1）贝蒂　（2）丽萨　（3）一个八年级学生　（4）梅梅

51 机器人

1.（1）B　（2）C　（3）C　（4）C

2.（1）科学家　（2）我和朋友　（3）索菲亚　（4）我和朋友
（5）我和朋友

52 台湾民宿

1.（1）B　（2）C　（3）B　（4）C　（5）A　（6）C　（7）B　（8）B

2.（1）饮料　（2）速食面　（3）蛋、青菜　（4）六个八

53 我们长大了

1.（1）C　（2）A　（3）C　（4）A

2. D、E、F

54 你选了哪些科目

A、B、E、F、H

55 高铁真便捷

A、C、D

56 我们骑共享单车进城吧

1.（1）C　（2）A　（3）B　（4）C

2.（1）a. 方便　b. 锻炼身体　（2）一小时一块五　（3）手机软件　（4）会

57 我看了《女篮 5 号》

1.（1）C　（2）B　（3）C　（4）B　（5）B　（4）A

2.（1）中国　（2）体育故事片　（3）女篮运动员母女的故事　（4）歌曲优美、

表演出色

58 三国游戏

1.（1）A （2）A （3）C （4）C

2.（1）a. 学习中文 b. 了解中国历史 （2）不会 （3）不需要

59 我想去旅游

1.（1）B （2）B （3）B （4）A

2.（1）三个 （2）下个月八号 （3）机票的价格 （4）大约两个星期 （5）高铁 （6）两百元

60 澳门蛋挞

1. A、D、F、G、I

2.（1）夫妻 （2）1979 年 （3）制药厂经理 （4）五次

第四部分 社会组织

61 世博会志愿者招募

（1）上海 （2）网站 （3）十八岁以上 （4）西班牙语、阿拉伯语、韩语（任选两项） （5）在网上填写申请表 （6）机票、保险、住宿、餐饮（任选两项）

62 我们可爱的学校

1. B、C、F、G

2.（1）不太贵 （2）学生证

63 我需要办一张图书证

1.（1）C （2）A （3）B （4）C

2.（1）十本书、两本杂志和五张光盘 （2）a. 在图书馆上网 b. 当身份证用

（3）北京烤鸭

3. A、B、D、G

64 水果怎么卖

（1）B （2）B （3）B （4）A （5）B （6）C

65 什么时候考试

1.（1）C （2）A （3）C （4）A （5）A

2. B、C、E、G

66 小丽新买了苹果电脑

1.（1）强大 （2）很好 （3）挺高的 （4）比其他电脑贵

（5）比其他电脑好 （6）特有的 （7）跟其他电脑不太一样

2. B

67 毕业以后的打算

1.（1）皮特 （2）玛丽 （3）玛丽的爸爸 （4）玛丽

2.（1）世界各地的美食 （2）自己的菜谱 （3）很累

68 欢迎新邻居

1.（1）B （2）A （3）A （4）C （5）C

2.（1）大约十分钟 （2）不需要

69 社区托管服务

1.（1）C （2）B （3）C （4）A （5）B （6）A （7）A

2. A、C、E、G

70 我的游学经历

1.（1）C （2）A （3）B （4）B

2.（1）练习了中文、吃了中国菜、参观了名胜古迹（任选两项）

（2）a. 对中国文化有了新的认识和了解 b. 觉得学中文太有用、太重要了

3.（1）七点半 （2）下午五点 （3）不多 （4）家里 （5）通过高考

71 开业大吉

（1）A （2）B （3）A （4）B （5）C （6）A

72 梅梅家怎么走

A、C、F、G

73 姐姐，你去帮我开家长会吧

1.（1）晚上六点半 （2）听不懂英文 （3）翻译

2.（1）A （2）C （3）C

74 这里不能停车

1.（1）A （2）C （3）C （4）B （5）A （6）C （7）A （8）C

2.（1）三百元 （2）第一次 （3）两个月 （4） 一百元

75 去花园做义工

（1）加拿大 （2）不开心 （3）家附近 （4）每个星期三

（5）英语进步了、得到了有用的信息、学到了很多知识（任选两项）

（6）填表 （7）去接李天的妈妈

76 公园马上要关门了

（1）C （2）C （3）C （4）B （5）A

77 你暑假去哪儿打工

1. （1）B （2）A （3）C （4）B
2. B、C、D、E

78 打车去看双子塔

1. （1）B （2）A （3）B （4）B （5）B （6）A （7）A
2. C、E、F

79 你想学哪个专业

1. （1）C （2）A （3）C （4）A （5）A （6）C
2. C、D、E

80 面试

1. （1）C （2）C （3）B （4）C
2. （1）a. 放暑假 b. 服务 （2）a. 中文、英文都很好 b. 喜欢沟通
   （3）说中文有口音
3. （1）可早可晚 （2）什么时候开始上班 （3）下个星期 （4）下个星期四

第五部分 共享地球

81 海边环保行动

1. （1）环境保护小组 （2）本周六 （3）沙滩 （4）拾垃圾
   （5）同学、家长、朋友 （6）早上八点 （7）沙滩入口
   （8）手套、水、午餐 （9）下午四点半 （10）班车
2. B、C、D

82 水费和电费都很贵

1. （1）B （2）B （3）C

2. （1）a. 浇花　b. 亲戚洗澡　（2）检查有没有漏水的地方　（3）差不多

（4）水和电越来越少　（5）a. 节约资源　b. 省钱

83 三八妇女节

1. （1）C　（2）A　（3）B　（4）B
2. （1）固定　（2）欧洲、美洲　（3）1949　（4）半天
3. （1）比以前好很多　（2）有进步，但还没有真正做到平等

（3）男女越来越平等

84 东京奥运会

（1）C　（2）A　（3）C　（4）A　（5）C　（6）B　（7）A

85 今年的气候不太正常

1. （1）特别冷　（2）三十五度　（3）天气又热又干燥
2. （1）A　（2）B　（3）C

86 慈善义卖会

1. （1）一年一次　（2）泰国贫困山区的小学　（3）贫困儿童的学业

（4）家长们

2. （1）B　（2）B　（3）A　（4）C　（5）A　（6）B　（7）C
3. B、F、G、H

87 节约能源，从我做起

1. （1）B　（2）B　（3）C　（4）A　（5）B　（6）C　（7）A
2. 新鲜、爱惜

88 学区房

（1）看房子　（2）a. 想让孩子上南洋小学　b. 租的房子要到期了　（3）八千

（4）a. 家长都想买这里的房子　b. 房子数量有限

（5）两套　（6）孩子上初中了　（7）价钱　（8）马来西亚人

89 种族和谐日

1.（1）7 月 21 日　（2）小多　（3）新加坡　（4）1964 年　（5）23　（6）454

2.（1）提醒公民团结一致　（2）a. 举办各种庆祝活动　b. 鼓励学生穿传统服装上学　（3）没有其他人的好看

3.（1）A　（2）C　（3）C

90 进城打工

1.（1）B　（2）C　（3）B　（4）A

2. A、C、E

3.（1）不会、需要打工赚钱　（2）朋友的微信　（3）很不容易

视觉形象设计　靳刘高创意策略
责任编辑　郭　杨
书籍设计　任媛媛
排　　版　陈先英

书　　名　**IBDP 中文听力一本通**（简体版）
Expressway to IBDP Chinese Listening
(Simplified Character Version)
编　　著　鲍思冶　曾凡静
出　　版　三联书店（香港）有限公司
香港北角英皇道 499 号北角工业大厦 20 楼
Joint Publishing (H.K.) Co., Ltd.
20/F., North Point Industrial Building,
499 King's Road, North Point, Hong Kong
香港发行　香港联合书刊物流有限公司
香港新界荃湾德士古道 220-248 号 16 楼
印　　刷　美雅印刷制本有限公司
香港九龙观塘荣业街 6 号 4 楼 A 室
版　　次　2020 年 1 月香港第一版第一次印刷
2022 年 6 月香港第一版第二次印刷
规　　格　16 开（170 × 240 mm）256 面
国际书号　ISBN 978-962-04-4348-0
© 2020 Joint Publishing (H.K.) Co., Ltd.
Published & Printed in Hong Kong
封面图片 © 站酷海洛

请扫描二维码或登录网站 www.chinesemadeeasy.com/expressway
注册 / 登录后，输入本书密码（见封二），获取听力录音
温馨提示：每本书只有一个密码，只能绑定一个账户